교사별
과정 중심 평가를
DIY하라

교사별 과정 중심 평가를 DIY하라

1판 1쇄 발행 2021년 8월 6일

지은이 김현우

편집 홍새솔

펴낸곳 하움출판사
펴낸이 문현광

주소 전라북도 군산시 수송로 315 하움출판사
이메일 haum1000@naver.com **홈페이지** haum.kr

ISBN 979-11-6440-810-8 (03370)

좋은 책을 만들겠습니다.
하움출판사는 독자 여러분의 의견에 항상 귀 기울이고 있습니다.

교육과정 설계자이며 최종 실천자인 교사여

교사별 과정 중심 평가를 DIY하라

Do It Yourself

김현우 지음

교사 교육과정을 완성하는

교사별 과정 중심 평가

평가를 받던 입장에서 평가를 해야 하는 입장이 된 지 오래다. 교사가 된 후 10년 넘게 수없이 많은 평가를 했지만 여전히 평가는 낯설다. 문제는 나만 그런 게 아니란 거다. 주위 많은 동료들이 나와 비슷하거나 오히려 나보다 더 많은 어려움을 겪고 있다. 그래서 책을 쓸 용기를 갖게 되었다.

평가 전문가가 되고 싶은 마음에 평가 업무를 4년 정도 했다. 일단 교사는 수업으로 승부를 봐야 하고, 수업 전문성이 자연스럽게 학교 교육과정으로 이어져야 한다고 생각하던 시절, 평가도 내 주요한 관심사였다. 그때부터 지금까지 수업-교육과정-평가를 하나의 시선으로 이해하고 실천하기 위해 노력했고, 그 내용을 책으로 엮어 보았다.

이 책은 평가에 대한 기본적인 내용만을 다루고 있다. 교사가 수업을 잘 하기 위해 갖추어야 할 평가 상식 정도다. 그 이상도 그 이하도 아니다. 지금까지 고민했던 내용을 한곳에 모아 정리한 수준이고, 주변 동료 선생님들도 '이 정도는 이해하고 있었으면 좋겠다.' 생각하는 내용을 담았다. 이 책은 지금까지 내가 썼던 책 중에 가장 짧다. 나는 초고의 절반 수준으로 내용을 지속적으로 덜어냈다. 평가 문항과 사례가 많으면 장학 자료의 색을 띨 것 같았다. 그렇다고 이론을 중심으로 다루기엔 전문성이 부족했다. 평가 자체가 주는 부담도 심한데 책에서 많은 내용을 다루면 얼마나 읽기 싫을까? 이런저런 고민으로 이론과 실제의 두 마리 토끼를 모두 놓친 것은 아닌지 한편 염려된다.

그럼에도 불구하고 학교 교육과정과 교사 교육과정에 이어 평가를 주제로 DIY 시리즈를 완성할 수 있어서 기쁘다. 일정이 예상보다 많이 늦어졌지만, 그래도 가야 할 길을 잘 가고 있다고 스스로 위로해 본다. 무엇보다 중요한 학교 교육과정, 교사 교육과정, 수업, 평가에 대해 내 생각과 관점을, 경험과 실천을 각각 책으로 세상에 내어놓을 수 있었다는 데 의미를 부여하고 싶다.

부족한 책이지만 누군가에게 작은 도움이 되길 소망한다.

2021년 5월 22일 통영 블레스 가든에서

교사 김현우 (hyunwoo4193@naver.com, 010-6710-4193)

/ 추천사 /

시대가 변하듯이 교육도 변한다. 크고 작은 변화들 속에서 많은 사람들이 평가에 주목하고 있다. 평가의 패러다임도 바뀌었다. 평가를 위한 평가에서, 배움을 위한 평가로 변화했다. 이제 평가는 학생을 줄 세우기를 위한 도구가 아니라 배움 목표로 이끄는 마중물이 되었다. 이러한 변화 속에서 과정중심평가 나아가 교사별 과정중심평가가 논의되고 강조되고 있다. 하지만 실천은 녹록지 않다. 의미는 알아도 방법의 문제에서 막히기도 하고, 방법의 문제를 풀어도 시간과 현실의 벽에 부딪히기도 한다.

「교사별 과정중심평가를 DIY 하라」는 현장 교사의 경험과 고민이 담긴 가이드 북이다. 그래서 이 책에는 평가에 대한 의미부터 교사별 과정중심평가를 실천하는 노하우까지 현장에서 막히고 부딪히는 여러 문제에 대한 실마리가 담겨있다. 천천히 실마리를 따라가다 보면 스스로 문제를 풀 수 있는 힘을 얻게 된다. 좋은 수업은 좋은 평가로 완성되고, 좋은 평가는 좋은 수업을 이끈다. 많은 교사들이 이 책을 통해 무엇이 좋은 수업이고, 무엇이 좋은 평가인지 함께 고민하고 실천해 보았으면 좋겠다.

백암초등학교 수정분교 김일두 선생님

조그만 인연으로 연구회를 같이 하고 있다. 작은 모임이지만 만남의 기회가 생기면 교육의 고민을 열정적으로 나누어왔다. 함께하는 즐거움에 더불어 김현우 선생님의 늘 진지하면서도 깊이 있는 생각은 곁에 있는 이들도 함께 성장하게 하였다. 한결같은 선생님의 노력과 실천적 경험은 DIY의 3번째 시리즈 「평가편」에서도 유감없이 드러났다. 문장 하나하나에 긴 시간 쌓아온 선생님의 실천적 지식이 가득 담겨있다. 이 책은 교사 교육과정의 중요한 퍼즐인 평가에 대한 문해력을 높이고 교육과정에 생명력을 불어 넣어 줄 것이다. 교육과정 운영 최종 결정자로 교사 역할의 패러다임이 변화하는 이 시점에서 좌충우돌 새내기 교사에서 중견 교사까지 꼭 읽어 봐야 할 필독서이다. '멀리 가려면 함께 가라'는 말처럼 함께 있는 이들이 중요하다. 선생님의 DIY 시리즈를 교실 한켠에 꽂아두고 지치지 않는 마라톤을 완주하길 바란다.

진동초등학교 옥진엽 선생님

'평가'라는 단어를 마주할 때면 무의식적으로 거부감이 든다. 중요한 순간에는 항상 평가를 받아야만 했고, 그 평가가 나를 규정짓는 것이 참 못마땅했던 적도 많았던 것 같다. 다행히 쉽게 깨지지 않던 평가의 패러다임이 변화되었고, 이제는 아이들의 올바른 성장을 위해 새로운 평가를 적용해야 하는 우리들에게 그 바통이 넘어왔다. 하지만 '단위학교'와 '교사'에게는 자율성만큼이나 큰 책임이 주어졌기 때문에 평가에 대해 고민은 더 늘어날 수밖에 없다. 지난 몇 년 동안 학생평가 지원단을 하면서 이러한 선생님들의 고민에 답을 해 드리기 어려울 때도 많았었는데 이 책은 선생님들의 고민을 시원하게 해결해 줄 수 있을 것 같다. 특히, 학생 평가가 어렵고, 부담스럽게 느껴지시는 선생님,

그리고 무언가 명확하게 움켜쥐어지지 않는 평가에 대한 갈증을 해소하고 싶은 선생님들께 이 책을 소개하고 싶다. 이 책은 기존의 학생평가 자료들과 달리 교사의 관점에서 보다 쉽고 간결하게 학생 평가에 대해 소개하고 있으며, 저자의 풍부한 경험이 녹아 들어가 편안하고 친근감 있게 평가와 마주할 수 있다. 학교 현장에서 오늘도 땀을 흘리시는 선생님들께 큰 도움이 될 것으로 확신한다.

기성초등학교 정영석 선생님

"선생님! 평가회의 있습니다."

평가를 출제하기 위한 동학년 회의가 있다. 평가는 우리 반 뿐만 아니라 학년 전체를 대상으로 하고, 민원이 제기되기 쉬운 첨예한 문제이다. 평가 문항을 출제하다가 소화기관이나 신경계에 문제가 발생하기도 한다. 문항지를 검토하는 과정에서 종종 동료 교사와 마찰을 겪기도 한다. 학창시절부터 줄곧 평가는 나의 가슴에 싸늘하게 꽂히는 차가운 비수와 같았다. 회의에 참석하는 발걸음이 무겁기만 했다.

하지만 지금은 아니다. 평가는 아이들을 위하는 선생님의 열정과 사랑이 가득 묻어나는 편지와도 같다. 삐뚤빼뚤 써 내려 간 아이들의 답장을 보며 나의 교수 능력이 이 정도 밖에 되지 않았나

상처를 받기도 하지만, 이내 지나간 수업을 반성하고 앞으로의 수업을 설계하는 데 매우 중요한 매뉴얼이 된다. 평가는 이 세상 어디에도 없는, 교사인 나와 우리 반 아이들이 직접 써 내려 가는 교환일기장이다.

도대체 교사인 나에게 어떤 변화가 찾아 온 것일까? 이번에도 김현우 선생님의 DIY가 크게 한 몫 했다. 이 책에서 다시 한 번 일어설 용기를 얻는다.

진영금병초등학교 김준성 선생님

혼자서도 잘하는 사람이 있지만, 그냥 주저앉아 버리는 사람도 많다. 혼자는 편하지만 버겁다. 혼자는 빠르지만 외롭다. 그래서 이 책은 혼자 가지 말고 같이 가자고 말을 건다. 책을 읽다보면 버거운 짐을 나누고, 느리더라도 외롭지 않길 바라는 온도가 느껴진다. 그리고 그 중심에는 스스로 해 보고 변화를 느껴보길 바라는 간절한 마음이 담겨있다. 좀 힘들고 귀찮더라도 현장에서 느껴지는 기운과 풍경을 아는 여행자의 바람이 담겨있다. 고기도 먹어 본 사람이 잘 먹고, 여행도 해 본 사람이 잘 한다. 잘하는 사람이 하는 게 아니고, 해 본 사람이 잘 한다. 교육과정도 평가도 마찬가지다. 지금도 잘하고 있지만, 책을 덮을 즈음에는 또 다른 도전이 움틀 것이다. 이전 책처럼 이번 책도 말을 건다. Do it yourself! 야, 너두 할 수 있어!

한들초등학교 황경훈 선생님

목차

1부

교사별 과정 중심 평가 기초 다지기

2부

교사별 과정 중심 평가 DIY하기

3부

교사별 과정 중심 평가 한 걸음 더

1부

교사별 과정 중심 평가 기초 다지기

01
평가의 온기

평가란 무엇인가? 평가는 어떤 대상의 가치나 수준을 규명하는 일이다. 우리는 오랜 시간 평가와 마주해 왔다. 받아쓰기부터 수능을 거쳐 각종 고시에 이르기까지 우리의 일상은 평가와 가깝다. 하지만 대부분의 사람들은 평가와 친숙하지 않다. 평가를 가급적 멀리하고 싶어 한다. 이유는 간단하다. 평가가 부담스럽기 때문이다. 평가는 자신의 수준과 직면하게 한다. 나의 가치가 판단된다. 그래서 평가는 부담스럽다.

그렇다. 평가는 부담이다. 선발과 변별 시스템에서 평가는 부담이다. 성적에 따라 세우는 줄은 사람을 팽팽하게 당긴다. 팽팽한 긴장감은 평가의 이미지를 보여준다. 하지만 평가는 필요하다. 부정적인 인식에서도 평가가 살아남은 데는 까닭이 있다. 선발은 평가의 다양한 기능 중 하나일 뿐이다. 가장 중요한 기능도 아니다. 적어도 '교육'에서 평가는 선발보다 중요한 다른 목적과 기능이 있다.

선발에 우선하는 평가의 중요한 목적은 성장이다. 평가는 냉혹한 채찍이 아니다. 평가는 알을 품는 온기처럼 따뜻할 수 있다. 따뜻한 봄기운에 새싹이 자라듯이 평가는 누군가를 자라게 하는 힘을 가지고 있다. 평가가 가지는 힘을 잘 활용한다면 교육 또한 바로 설 수 있다. 교육 본연의 힘을 가질 수 있다.

평가는 어떻게 아이들을 성장시킬 수 있을까? 빨간펜으로 그어진 시험지가 학생들의 마음을 어떻게 다독일 수 있을까? 이 물음은 우리를 다시 처음의 물음으로 안내한다. 평가란 무엇인가? 시험이고, 학습의 결과이다. 그렇게 순간적으로 입 속에서 맴도는 답이 나올 것 같다.

하지만 이제 평가는 단순한 시험이 아니고 학습의 최종 결과가 아니다. 교육 현장의 평가 패러다임이 변화되고 있다. 아니 이미 변화되어 자리 잡고 있다. 평가를 통해 학생은 자신이 잘 이해하고 있는지 확인하고 교사는 자신이 잘 가르치고 있는지 확인할 수 있다. 그리고 이러한 일련의 과정은 수업 중에 일어난다. 평가는 수업 후에 해야 한다는 생각이 바뀌었다. 학생이 참여하는 수업 가운데 평가는 수시로 이루어진다. 그리고 피드백된다. 선발, 분류, 배치를 위한 결과였던 평가가 학생의 발달과 성장을 위한 과정으로 바뀌고 있다. 이제 평가는 수업이고 수업이 곧 평가다. 이것이 평가는 무엇인가에 대한 답이다.

함께 생각해 봐요

★ 성장을 돕는 평가를 경험해 보신 적이 있나요?

★ 선생님께서는 평가에 온기를 불어넣기 위해 어떤 시도를 해보셨나요?

02

평가의 다양한 이름

우리는 많은 이름을 가지고 살아간다. 한 남자는 누군가의 아들이고 아버지이며, 직장인임과 동시에 형이고 동생이며 또 친구이다. 같은 사람을 부르는 여러 가지 이름이 있다. 어떻게 보면 꼭 같은 사람이라고 할 수는 없겠다. 호칭에 기대하는 각각의 역할이 다를 테니까.

평가도 그렇다. 평가를 부르는 이름도 참 많다. 목적, 시기, 역할 등 다양한 기준에 따라 형성평가, 수행평가, 지필평가, 성장중심평가, 과정 중심 평가… 모두 평가이지만 같은 평가는 아니다. 호칭에 따라 기대하는 역할이 다르다.

여러 가지 평가 중 최근 강조되고 있는 평가는 교사별 과정 중심 평가이다. 과정 중심 평가에 교사별이 붙었다. 이름만 좀 고친 것 같지만 '교사별' 세 글자가 가지는 무게는 상당하다. 교사 교육과정이 강조되는 맥락에서 교사별 과정 중심 평가도 이해된다.

'교사별 과정 중심 평가'에 앞서 '과정 중심 평가'에 대해 살펴보자. 과정 중심 평가는 지역교육청에 따라 사용하는 용어가 다르다. 경남교육청에서는 과정중심 평가라고 부르지만 경기도교육청에서는 성장중심 평가를 사용한다. 용어는 다르지만 대체로 의미는 유사하다.

과정 중심 평가는 말 그대로 과정을 중시하는 평가이다. 여기서 과정은 다양한 의미로 해석될 수 있지만, 대체로 성취기준 도달과정 또는 수업 과정을 의미한다. 배움의 과정은 작게는 한 차시 수업에서 넓게는 하나의 성취기준 또는 프로젝트, 한 학기, 때론 한 해를 포괄한다. 범위가 한 차시 수업이든 하나의 성취기준이든 중요한 것은 과정이다. 학생들은 수업 중, 배움의 과정 속에서 성장한다. 따라서 수업 후 결과만을 평가하는 것이 아니라, 수업 중에 과정을 평가해야 한다.

배움과 성장의 과정에서 평가하고 피드백하는 것이 중요하다. 배운 후 한꺼번에 평가하는 것이 아니라 수업 중에 지속하여 평가해야 한다. 그래야 학생의 발달과 성장이 촉진된다. 학습 결과의 평가에 그치는 것이 아니라 학습을 위한 평가, 학습으로서의 평가로 나아가는 것. 이것이 과정 중심 평가이고 성장 중심 평가이다.

또한 과정 중심 평가는 학생의 잠재력과 성장 가능성을 최대한 실현시킬 수 있도록 돕는 평가이다. 이를 위해서 교사는 학생을 이해하고 있어야 한다. 학생에 대한 이해를 바탕으로 학급 운영 목표를 설정하고, 이에 맞는 내용, 방법, 평가를 해야한다. 학급의 구성원이 다르고 학교의 환경이 다르며 교사 교육과정의 목표가 다르기 때문이다. 따라서 평가도 교사별로 다르게 운영된다.

교사별 과정 중심 평가는 여기서 출발한다. 과정 중심 평가의 의도와 방향성은 유지하되, 교사별로 각각 다르게 운영하는 것 그것이 교사별 과정 중심 평가이다. 간단하다. 과정 중심 평가를 교사별로 운영하는 것. 이는 교사의 자율성과 전문성, 학습자의 개별성과 다양성을 존중한 결과이다. 교사별이라는 세 글자에는 교사 전문성에 대한 신뢰, 책임, 자율을 포함하고 있다. 더불어 학습자 맞춤형 교육을 실현하고자 하는 미래 지향적인 교육에 대한 기대가 반영되어 있다.

기존의 평가가 알고 있는 단편적 지식을 주로 물어보았다면 새로운 평가는 잘하고 있는지, 잘할 수 있는지를 궁금해한다. 배움의 과정 속에서 맞는 방향으로 가고 있는지가 궁금하다. 할 수 있는지, 어떻게 하는지, 질문을 던진다. 그리고 학생의 대답에 맞는 피드백을 제공한다. 교사와 학생의 상호작용 속에서 교사는 확인하고, 학생은 성장한다. 평가는 이러한 상호작용 속에 있다. 따라서 학생과 알맞은 상호작용을 하려면 학생별로 학급별로 평가가 달라져야 한다. '과정 중심 평가'가 '교사별' 과정 중심 평가로 나아가야 할 이유는 바로 여기에 있다.

[교사별 과정중심 학생평가와 학년(교과)별 학생평가 비교*]

구분	특징	성적 산출 집단 및 방식
학년(교과)별 학생평가	동 학년(교과) 교사가 공동으로 평가 문항 출제 및 성적 부여	동학년 내에서 교과별로 평가 문항이 같기 때문에 해당 교과목을 배운 전체 학생 단위로 이루어짐

* 교육부(2018), 2015 개정 교육과정에 따른 교사별 과정 중심 평가 활성화를 위한 학생 평가 모형 개발 연구

교사별 과정 중심 평가	동일 학년의 같은 교과를 담당하는 교사가 있다 하더라도, 각각의 교사가 평가문항을 각자 출제 및 성적 부여	담당교사에 따라 평가 문항이 다르기 때문에 성적 산출이 특정 교사에게 배운 학생 단위로 이루어짐

[교사별 과정 중심 평가의 특징]

주도성	학급 담임(전담교사)의 평가 자율권과 결정권이 강화된다.
전문성	우리 반 학생에게 적합한 평가 내용·방법·시기 등을 결정할 수 있다.
타당성	아이들의 현재 수준·성취도·흥미·관심이 보다 효과적으로 반영될 수 있다.
적합성	학생 개개인을 중시하는 교육 정책 변화와 흐름을 같이한다.
미래성	다양하고 창의적인 맞춤형 교육과정을 지향하여 수업과 평가의 변화를 이끄는 마중물이 될 수 있다.

[교사별 과정 중심 평가의 장점]

· 개개인의 특성을 살린 학생 맞춤형 수업에 최적화된 평가를 할 수 있다.

· 교육과정-수업-평가의 연계를 강화할 수 있다.

· 교사의 수업 전문성과 평가 전문성 강화에 효과적으로 기여한다.

· 평가에 있어 학생 개개인성과 개인차를 반영할 수 있다.

· 교사 교육과정 편성·운영을 활성화할 수 있다.

· 교육과정 중심 학교 운영을 촉진한다.

03
한 지붕 두 가족

교사별 평가는 '모든 교사'가 '서로 다른 평가 계획'과 '서로 다른 평가 문항'으로 평가하는 게 아니다. 교사별 평가는 동학년이 같은 계획과 같은 문항으로 평가해왔던 오랜 학교 현장 관행을 교사와 학생의 다양성을 살린 맞춤형 수업과 평가로 전환하자는 의도가 담긴 용어다. 달리 표현하자면 동학년 중심 단일화 평가 시스템에서 교사중심 맞춤형 평가로 변화를 주겠다는 것이다.

아직 준비되지 않은 교사들에게 일방적으로 개별화된 교사별 평가를 강요하면 안된다. 교사별 과정 중심 평가는 준비된 학교와 교사에게 준비된 만큼의 수준과 내용으로 적용하면 된다. 이는 학교 구성원과 함께 협의할 문제이다. 그렇다면 학년별 평가와 교사별 평가는 현장에서 어떻게 공존하며 상호보완적으로 작동할 수 있을까?

교사별 평가가 확산되는 과정에서 다양한 양상이 나타날 수 있다. 각각의 사례를 살펴보자.

☑ 학년별로 평가 문항을 공동 개발, 공동 적용하는 경우

모든 교과와 성취기준을 동학년이 함께 평가계획을 수립하고 문항을 개발하여 적용한다. 하지만 동학년이 함께하는 과정에서도 개별 교사의 의견이 충분히 수렴되어 평가 문항에 반영될 수 있는 문화가 정착되어 있어야 한다.

☑ 모든 교과 모든 성취기준에 교사별 평가가 이루어지는 경우

우리 반 아이들의 흥미, 특성, 진로, 발달 단계, 성취도 등을 고려한 맞춤형 수업과 이에 적합하게 교사별로 서로 다른 과정 중심 평가 계획과 문항이 적용된다.

☑ 교사 교육과정 속에서 학년별 평가와 교사별 평가를 교사가 선택적으로 적용하는 경우

즉 특정 성취기준을 동학년 내 동일한 평가 문항을 적용하는 교사 그룹도 있고, 개별화된 교사별 평가를 시행하는 그룹도 함께 존재한다. 이것은 전적으로 교사의 판단과 선택에 따라 결정된다. A라는 성취기준은 1, 2반 교사가 동일한 문항을 적용하고, 3, 4반 교사는 각자 재구성된 수업 내용에 맞게 문항을 개발하여 적용하는 경우이다.

교사별 과정 중심 평가가 현장에 확산되어가는 과정에서 위 세 가지 실천 영역은 한 동안 공존할 수밖에 없다. 궁극적인 목표가 학급별 맞춤형 교육과정과 수업에 근거한 상호 독립적인 교사별 평가일지라도 그것이 실행되는 과정에서 다양한 실천 모델이 만들어질 수 있고, 현행 시스템인 학년별 평가와 자연스럽게 병행하여 추진될 것이기 때문이다. 시간이 지날수록 학년별 평가가 차지하는 비중은 줄고, 교사별 평가의 비중이 늘어나는 추세가 바람직할 것이다.

보다 구체적인 사례를 살펴보자.

A 초등학교 2학년

국어	교사별 서로 다른 평가 계획과 성취기준을 선정하여 교사별 평가 적용
통합교과, 안전한 생활	학년이 함께 설계한 프로젝트를 적용하는 3월 4주, 5월 1주, 6월 3주는 함께 개발한 평가 문항을 적용, 이 외에는 교사별 평가 적용
수학, 창의적 체험활동	매주 실시하는 전문적 학습공동체를 활용하여 학년별 평가 시행

B 초등학교 6학년

국어, 수학, 사회, 과학, 영어	학년별 평가 적용
실과, 도덕, 음악, 미술, 체육	교사별 서로 다른 평가 계획과 성취기준을 선정하여 교사별 평가 적용
학년 프로젝트	동학년이 함께 계획하여 시행하는 5월 2주, 6월 4주 프로젝트 주간에는 수업 계획은 함께 수립하되 평가는 학년별 또는 교사별 평가를 선택적으로 시행

C 초등학교 5학년

1학기	1학기는 전 교과 학년별 평가 시행
2학기	2학기는 국어, 수학 교과는 교사별, 그 외 교과는 학년별 평가 시행

D 초등학교 4학년

전 교과 교사별 평가 시행

동학년이 함께 재구성한 프로젝트 수업 적용시에만 학년별 평가 시행

함께 생각해 봐요

★ 우리 학교나 학년에서는 어떤 형태로 교사별 과정 중심 평가를 시도해 볼 수 있을까요?

04

교사별 과정 중심 평가에서 강조되는 평가의 기능

교육평가의 기능(또는 목적)은 보는 시각에 따라 다양하다.*

형성적 기능	현재의 활동 상태를 개선하기 위해 실시
총괄적 기능	책무성, 자격인정, 선발 등을 위해 실시
진단적 기능	수업 전이나 수업 중 학습자의 장애 요인, 선행 지식, 학습 동기, 학습 정도를 알아보기 위해 실시
심리적 기능(또는 사회정치적 기능)	특수한 활동에 대한 인식을 높이기 위해 피평가자의 바람직한 행동 동기화
권위행사의 기능	상급자가 하급자를 평가할 때

지금까지 우리는 평가의 어떤 기능을 가치 있게 여겼을까?

선발 · 분류의 기능(총괄적 기능)

신뢰성 · 객관성 · 변별력

진단 · 형성 · 심리적 기능

타당성 · 합목적성

* 정택희(2004), 교육평가용어사전

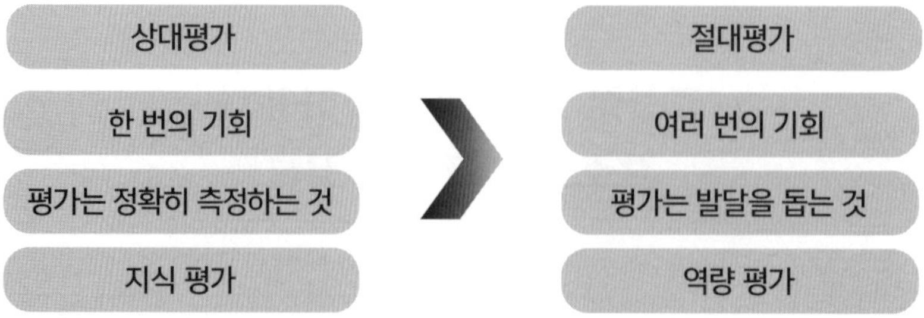

상대평가		절대평가
한 번의 기회	→	여러 번의 기회
평가는 정확히 측정하는 것		평가는 발달을 돕는 것
지식 평가		역량 평가

평가를 인식하는 기존 우리의 협소하고 경직된 관점은 수능 중심의 총괄평가에서 비롯되었다. 알게 모르게 우리는 평가에 대한 고정관념을 공유하고 있다. 이는 선발과 분류의 총괄적 기능을 평가의 최종 목적이자 본질로 오해하기 때문이다.

교사별 과정 중심 평가는 지금껏 소홀히 다루었던 평가의 다른 기능에 초점을 두어야 한다. 배움과 수업을 돕는 형성적 기능, 학습 곤란점을 진단하고 피드백하는 기능, 학습의 동기를 강화하고 지원하는 심리적 기능이다. 이러한 기능이 제대로 발휘될 수 있도록 평가가 기획되고 교실에서 적용될 때 진정 아이들의 배움과 성장을 돕는, 과정과 결과를 고루 중요시하는 평가가 될 수 있다. 관점의 전환이 필요하다.

100점 만점으로 점수화된 중간·기말고사 형태의 평가, 철저히 점수로 줄 세우고 등급화하던 평가는 선발과 분류, 채점의 신뢰성과 객관성을 절대적 가치 삼아 최적화된 평가의 유형일 뿐이다. 우리는 오랫동안 이러한 평가에 익숙해져 있었다. 보완적 개념으로 도입되었던 수행평가도 학교 현장에서 본연의 의미를 살리지 못하고 무늬만 수행평가이고 지식 중심의 또 다른 평가 유형으로 왜곡되어 왔다.

이제 우리는 평가의 목적과 기능을 새롭게 인식해야 한다. 평가를 바라보는 오랜 관행과 경험적 인식에서 벗어나 과정 중심, 성장 중심, 발달 중심의 평가 목적을 수용해야 한다. 물론 쉽지 않을 것이다. 긴 시간 우리의 생각과 행동에 뿌리 깊게 스며들어 있기 때문이다. 하지만 도전해보자. 평가 문항을 개발하고 적용하며 피드백하는 전 과정에서 평가 본연의 목적을 이정표로 삼아보자. 이것은 교사별 과정중심평가의 출발점이 되어 줄 것이다.

평가의 형성적 기능, 진단적 기능을 활성화하여 학습을 돕는 평가와 학습으로서의 평가가 일상으로 자리 잡게 해야 한다. 이러한 평가 목적과 기능에 대한 관점의 전환과 소소한 실천이 쌓인다면 더 이상 교사별 과정 중심 평가가 불안하고 어렵게만 느껴지지 않게 된다. 조금씩 교실에서 스스로 적용할 수 있는 방법들을 발견하게 되고 평가도 수업의 한 요소임을 받아들이게 된다. 이러한 변화의 경험은 교사별 과정 중심 평가를 내 것으로 만들어 평가 전문성을 길러 줄 것이다.

함께 생각해 봐요

★ 나는 지금까지 평가의 어떤 기능을 중요하게 생각하며 적용하고 있었나요? 한 해를 되돌아보며 함께 고민해 봅시다.

05
수업을 살리는 교사별 과정 중심 평가

교사별 과정 중심 평가는 수업을 살린다. 수업의 본질을 충실히 구현할 뿐만 아니라 평가 목적 달성, 즉 학습 목표 도달 지원과 개개인의 성장과 발전, 그리고 수업 개선의 효과가 있기 때문에 그렇다. 수업과 평가는 학생의 배움과 성장이라는 같은 목표를 공유하기에 상호작용하며 시너지 효과를 일으킨다.

일반적으로 수업이 '교사별'로 이루어지듯, 평가도 '교사별'로 실시되는게 자연스럽고 합리적이다. 지금까지 우리는 '교사별' 수업에 '학년별' 평가를 치뤘다. 어쩌면 교사별 수업을 하지 않았는지도 모른다. 표준화된 교과서로 진도나가기식 수업을 했고, 그래서 표준화된 교과서 기반의 평가 문항을 개발하고 적용하는데 '학년별' 평가 시스템은 업무 처리의 효율성을 높이는 당연한 귀결이었는지도 모른다.

교사별 과정 중심 평가는 성취기준에 기반을 둔 평가다. 교과서 기반의 평가가 아니라 학생의 흥미, 진로, 역량과 교사의 교육관, 철학과 가치가 성취기준을 중심으로 어우러져 수업과 평가가 통합되는 것이다. 성취기준에 기반을 둔 수업과 평가는 교사별로 저마다의 색채와 다양성을 갖는다. 성취기준을 충족시키는 공통성의 범위에서 학생의 다양성을 존중하는 수업과 평가가 이루어지기 때문이다. 이처럼, 결과적으로 성취기준에 근거한 수업과 평가는 교사·학생·환경 등이 상호작용하며 정도의 차이는 있겠지만 '교사별'로 이루어질 가능성이 크다.

그렇다면, 교사별 과정 중심 평가는 어떻게 수업을 살릴 수 있을까?

☑ 교사가 성취기준에 근거한 학생 맞춤형 수업과 평가를 설계하고 적용하도록 돕는다. 표준화된 교과서와 매체 의존적 수업을 벗어나 성취기준을 해석하여 우리 반 아이들에게 최적화된 수업과 평가를 설계하도록 만드는 장치가 되기 때문이다. 교사별 과정 중심 평가는 필연적으로 학생 맞춤형 수업, 개별화 수업과 유기적으로 연결되어 있다.

☑ 수업에 적합한 평가 문항을 교사별로 개발하는 과정에서 수업을 깊이 있게 이해하는 안목을 갖추게 된다. 수업을 설계할 때 평가 장면을 염두에 두고 수업 중 반드시 이해해야 하는 지식, 기능, 태도를 추출하여 적절한 피드백과 도움을 제공할 수 있다. 이는 수업 설계와 더불어 교사별 평가문항 개발이 함께 이루어지기에 가능한 일이다.

☑ 평가 문항을 상황에 따라 유연하게 변형하여 적용할 수 있다. 수업 설계 과정에서 평가 문항도 해당 교사가 직접 개발했기에, 수업 과정에서 아이들의 이해도와 다양한 상황에 따라 재구성하거나 변형하여 효과적으로 수업을 촉진할 수 있다.

☑ 교사별 과정 중심 평가는 수업 중 적절한 피드백을 제공하기에 용이하다. 수업과 평가를 실시하는 교사가 직접 디자인했고 수업의 과정마다 바르게 진단하고 적절한 도움을 제공하는데 유리하기 때문이다.

교사가 우리 반 아이들에게 맞는 수업을 설계하는 과정에서 배움을 돕기 위한 진단적, 처방적 성격을 띠는 평가 문항도 함께 만든다는 것. 그렇게 만들어진 평가 문항을 수업에서 직접 적용하고 피드백하여 배움을 돕는다는 것. 즉 교사별 과정 중심 평가 자체가 수업의 다양성과 교사의 수업 설계와 적용 역량을 길러주는 하나의 장치인 셈이다.

[수업을 살리는 교사별 평가 사례]

일상에서 요약은 참 중요한 기능이지. 교과서에 제시된 글 뿐만 아니라 생활 속에서 접하는 다양한 글을 요약할 수 있는 역량을 길러주고 싶은데... 요즘 우리 반 아이들이 많이 읽는 책 내용도 좀 넣고 다양한 성격의 글을 요약하는 평가를 해야겠어! (교사별 평가 설계) ➡ 교과서에 사용된 텍스트는 요약을 위해 필요한 개념 이해 연습문제로 활용하고, 아이들이 생활 속에서 접하는 글을 수업의 주요 제재로 활용해야지. (평가 연계 수업 설계)

단원이 끝나가는데도 우리 반 아이들이 혼합 계산 순서를 어려워하는군. 기존 출제해둔 평가는 잠시 미루고, 놀이를 접목해서 연산 연습을 반복적으로 더 해야겠어. 남은 차시마다 형성평가를 좀 더 하면서 아이들의 부족한 부분을 피드백해 줘야지. 그 후에 예정된 평가를 치르자. (학생의 성취도에 따라 수정된 교사별 평가 및 교수학습 방법 개선)

교사별 평가는 세 자리수 덧셈 연산 평가를 어려워하는 학생을 위해 수 모형을 활용할 수 있도록 문항 조건을 변형하거나, 짝과 협력하여 문제를 해결한 후 동일한 수준과 형태의 새로운 문제를 만들어 제시할 수도 있다. 하지만 기존 학년별 평가에서는 이러한 평가 문항 변형이 상당히 어렵다. 조선 전기 시대 상황을 탐구하는 수업에서 개인 또는 모둠별 흥미와 관심에 따라 유연하게 수행평가 주제를 선정할 수도 있고 탐구 기간, 발표 방법, 타 교과와의 연계 등도 학급의 아이들과 함께 협의해가며 평가 방향을 결정할 수도 있다. 학업 성취도가 뛰어난 학생의 평가 기간과 천천히 학습하는 학생의 평가 기간은 교사별 평가에서 달라질 수 있으며, 동시에 적이하게 과제의 난이도도 조절할 수 있다. 이러한 과정은 교사별 수업과 평가를 전제로 가능하며, 결국 학생의 성장으로 이어진다.

[유연한 학생 맞춤형 평가 사례]

지필평가 결과를 보니 민수가 자연재해의 종류를 일부만 알고 있었네. 모둠 친구들과 함께 좀 더 공부할 기회를 줘야지. 그리고 좀 더 구체적으로 공부한 후 구술법으로 자연재해의 종류와 특징에 대해 다음 주까지 재평가를 실시해야겠군.

과학 시간에 동물과 식물 이외의 생물을 조사하여 발표하는 평가 과제를 수정해야겠어. 발표 방법을 아이들이 원하는대로 결정할 수 있게 해주어야지. 만화, PPT 영상, 노래 등 원하는 방법으로 발표하게 한다면 참여도도 높아지고 자신감도 생길 것 같아! (평가 선택권 부여)

함께 생각해 봐요

★ 선생님께서는 수업을 살리는 평가가 되기 위한 조건은 무엇이라 생각하시나요?

★ 평가로 인해 수업이 풍성해짐을 경험해 보신 적이 있나요?

★ 성장을 돕는 평가를 위해 수업 중 내가 바꾸어야 할 한 가지를 찾아 봅시다. 그리고 동학년과 함께 이야기 나눠 봅시다.

2부

교사별 과정 중심 평가 DIY하기

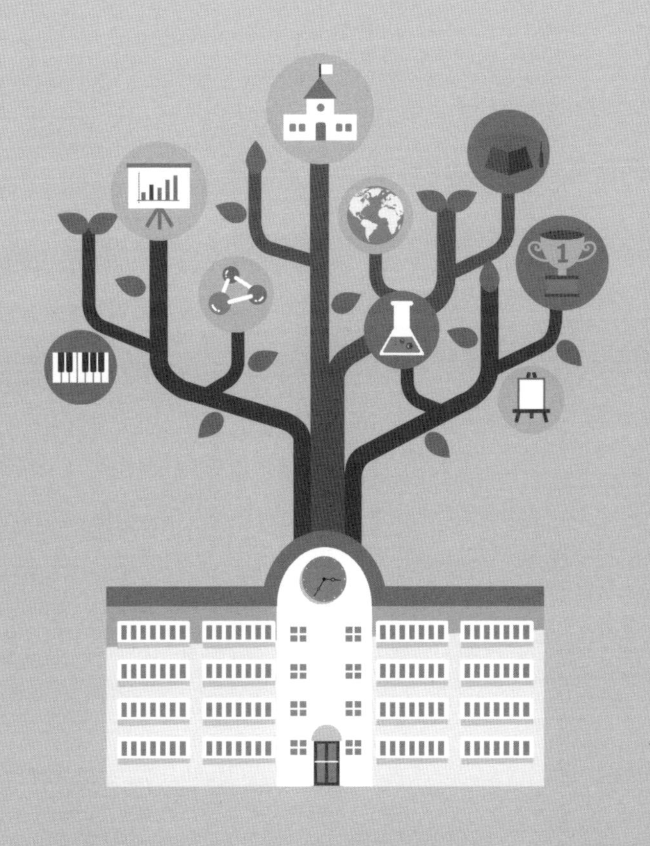

06

교사별 과정 중심 평가 완성도 up, 신뢰도 up

1. 평가 관행 되돌아보기

" 교사별 과정 중심 평가를 시행하면 학년별 평가 대비 평가 문항의 질적 수준 이 떨어지지 않을까?"

" 평가 문항의 완성도와 신뢰도에 문제가 생길 것 같은데... "

과연 그럴까? 해답의 실마리를 찾기 위해 우리는 현장의 평가 관행을 되돌아볼 필요가 있다. 교사별 평가의 완성도와 신뢰도 문제는 교사별 평가 자체가 갖는 위험성과 결함 때문인지 아니면 새로운 도전에 대한 막연한 두려움 때문인지를 구분할 수 있어야 한다.

지금까지 학업성적관리지침이나 단위학교 규정에는 평가 문항을 공동출제하여 평가의 완성도와 신뢰도를 높이겠다는 내용이 명시되어 있었다. 하지만 실제로 평가 문항을 공동으로 출제하였는지는 의문이다. 다수의 학교에선 '동학년(교과)을 중심으로 평가 문항과 채점기준표를 함께 개발한다'는 규정은 문서에만 존재했다. 집단지성을 활용한 공동 개발과 공동 적용의 규정이 사실상 지켜지지 않고 있는 것이다. 교사별 평가에 대한 교사의 막연한 두려움과 우려는 평가 문항을 함께 고민한 경험의 부재로부터 비롯된 것 아닐까?

평가 문항에 대한 공동출제가 현장에서는 어떻게 부실하게 적용되고 있는지 살펴보자. 일반적으로 교사별로 평가 문항을 출제할 교과를 할당한다. 예컨대 한 학년이 5학급인 5학년의 경우, 총 10개 교과를 5명에게 나누어 두 과목씩 평가 문항을 출제하도록 하는 것이다. 때론 평가 문항 출제도 학년 업무에 포함되어 1~2명의 교사가 모든 문항을 출제하기도 한다. 그리고 기한이 되면 문항을 총합하여 오탈자나 기술 방식 등의 편집상 오류를 간단히 검토한 후, 평가 문항을 확정한다. 이런 형태가 초등에서는 일반적이고 고착화되어 이어지고 있다. 개별 작업 후 총합하여 수정하는 방식의 문항 개발을 공동 출제 방법이라 할 수 있을까? 이러한 기존 평가 관행은 과연 문항의 완성도와 신뢰도를 높일 수 있는 것인가?

사실 할당된 교과 평가 문항을 출제할 때라도 교사가 성취기준, 교육학적 지식, 경험적 판단, 그리고 아이들의 요구와 특성을 고려하여 문항 개발에 전문성을 발휘한다면, 교사의 평가 역량은 시간이 지날수록 효과적으로 함양될 수 있을 것이다. 하지만 상황은 그렇지 못하다. 시도교육청이 개발하여 보급한 평가문항 예시자료를 그대로 활용하거나 온라인 학습사이트나 각종 자료에서 찾은 평가 문항을 우리 학교 평가 양식에 맞추어 수정하는 정도로 평가 문항 개발이 이루어진다. 우리가 교사별 평가를 생각할 때 두려움과 염려가 찾아오는 이유는 바로 여기에 있다. 사실 교사들이 평가 문항을 자신의 수업에 맞게 독립적으로 개발하고 적용해본 경험이 거의 없기 때문이다. 비약이라 생각하실지 모르지만, 현실에 가깝다. 만약 이 글을 읽고 계신 선생님께서 '우리 학교는 그렇지 않다'고 생각하신다면, 매우 우수한 학교라고 말씀드리고 싶다.

2. 교사별 평가는 평가의 완성도와 신뢰도를 높이는 첫 관문이다

지금까지 평가 관행을 되돌아보면, 공동출제의 장점을 살렸다고 보기 어렵다. 즉 공동출제로 평가 문항의 완성도와 신뢰도를 충분히 확보하지 못했었다. 오히려 평가에 대한 부담과 책임을 서로 나눠진 채 평가 전문성을 함양할 수 없는 관행과 시스템 속에서, 평가의 본질에 대한 고민 없이 기계적으로 이루어지게 만드는 걸림돌이었다.

단기적으로 보면 교사별 평가가 평가의 완성도와 신뢰도를 일부 떨어뜨리는 것 아니냐는 생각이 들 수도 있겠지만, 장기적인 관점에서는 오히려 평가의 질적 수준을 높이고 교육과정 개발자와 실천가로서의 전문성을 강화하는 디딤돌이 될 것이다.

근육은 사용하면 할수록 늘어난다. 뭐든지 사용하지 않으면 도태되기 마련이다. 가만히 있는 철은 쉽게 녹이 슨다. 평가도 마찬가지다. 지금부터라도 교사가 설계한 수업에 적절한 평가 문항을 개발하는 습관을 갖는다면, 평가가 더 이상 부담스럽고 힘들지 않게 될 시점이 찾아

올 것이다. 부족하지만 내 손으로 평가 문항을 만들기부터 시작해야 한다. 이는 평가의 완성도와 신뢰도를 높이는 첫걸음이다.

3. 교사별 평가의 완성도와 신뢰도를 높이는 방법

❶ 평가 문항 개발을 위한 시간 확보

교사가 수업과 평가에 집중할 수 있도록 업무를 경감하고 교육과정 중심으로 학교 문화를 조성해야 한다. 운동에 비유하자면 기초체력이고, 건물에 비유하자면 바닥 공사와 같다. 교사들이 체감할 정도의 업무 경감과 수업 중심의 학교 문화가 조성되어야 한다. 그렇지 못한 상태에서 무리하게 추진하는 교사별 평가는 기대와 다르게 왜곡된 형태로 현장에 적용될 수밖에 없으며 지속가능할 수 없다. 교사별 과정 중심 평가를 학교 단위에서 적용할 때는 반드시 업무 경감과 더불어 교육과정 중심의 학교 체제 개선이 함께 이루어져야 한다. 교육청의 관심, 격려, 지원도 뒷받침되어야 한다. 이는 결국 수업과 평가에 집중할 수 있는 심리적, 시간적 여건을 만들어줄 것이다.

그리고 관행적으로 3월 말이나 4월 초까지 평가 계획과 함께 평가 문항을 제출하도록 요구하는 학교도 여전히 많다. 교사별 평가가 활성화되기 위해서는 수업 계획과 동시에 평가 문항이 개발되어야 하므로, 학기 초에 평가 문항을 모두 만들어내는 것은 무리다. 지금까지는 3월에 평가 문항까지 완성해야 했기 때문에 급하게 짜집기 형태의 문항 개발이 이루어져 왔지만, 최근 평가 관련 지침과 규정이 개정되면서, 얼마든지 수업 계획과 더불어 평가 문항을 여유 있게 개발할 수 있게 되었다. 따라서 평가 문항은 학기 말에 일괄 취합하여 결재를 올리는 시스템은 여유 시간 확보를 가능하게 하여 교사별 평가로 이어지게 한다. 나는 이러한 수업과 평가 중심의 학교 교육과정 설계와 실천 사례를 『학교 교육과정을 DIY 하라』에서 상세히 다루었다.

❷ 학년(군) 중심의 전문적 학습공동체 활성화

전문적 학습공동체가 활성화 된다면 교사별 평가의 신뢰성과 완성도를 높일 수 있다. 전문적 학습공동체는 기본적으로 수업과 평가에 대해 집단지성을 발휘하여 연구하고 소통하는 것이 운영의 목적이기 때문이다. 전문적 학습공동체의 운영 방식과 형태는 다양하지만, 기본적으로 수업과 평가가 중심이 되어야 한다. 당장 내일 나의 수업과 평가에 영향을 주지 못하는 전문적 학습공동체라면, 운영 내용과 방법을 재고할 필요가 있다.

[교사별 평가를 살리는 전문적 학습공동체 운영 형태]

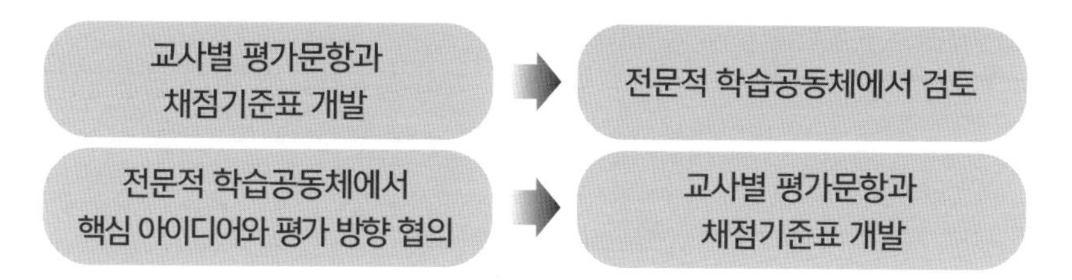

전문적 학습공동체는 교사별로 개발한 평가 문항과 채점기준표를 함께 검토하고 완성도를 높일 수 있는 모임이 되어야 한다. 이를 위해 매주 고정된 시간에 함께 모이는 것이 중요하며, 전문적 학습공동체를

학교 교육과정 운영의 구심점으로 삼기 위한 공동의 노력이 필요하다.

❸ 교사별 평가의 완성도를 높이기 위한 셀프 체크리스트*

평가 소양을 갖추고 지속적인 실천을 통한 경험적 노하우가 뒷받침된다면, 교사별 평가는 교육적으로 충분한 가치가 있으며, 미래 평가 방향의 큰 흐름을 차지하게 될 것이다. 평가 문항의 완성도를 높이기 위해 아래의 셀프 체크리스트는 사용해 볼 만한다.

[평가 문항 Self-체크리스트]

- 평가 문항은 성취기준의 도달 여부를 측정할 수 있는가?
- 수업 중 배운 내용을 평가하는가?
- 평가 문항은 단순 기억이 아닌 생각하는 힘을 길러주도록 설계되어 있는가?
- 지문이 명확하고 구체적인가?
- 평가 문항에 해석이 애매하거나 어려운 어휘는 없는가?
- 수행평가 과제는 편파적이지 않고 모든 아이들에게 공정한가?
- 수업 중 평가할 수 있는 문항인가?
- 구체적인 피드백 방안을 염두에 두고 개발된 문항인가? (문항 개발 과정에서 맞춤형 피드백 방안을 함께 고민하였는가?)

[채점기준표 Self-체크리스트]

- 채점기준표가 성취기준에서 요구하는 도달 목표에 맞게 제시되었는가?
- 채점기준이 학생의 인지적, 정의적 성장과 발달 과정을 파악할 수 있도록 제시되었는가?
- 채점기준은 학생의 결과 산출 혹은 응답 수준을 변별할 수 있도록 작성되었는가?
- 교사와 학생이 이해하기 쉽고 명확한 문장으로 개발되었는가?

* 교사별 과정 중심 평가 이렇게 하세요(교육부, 2018) 자료 수정·편집

- 채점기준에 평가 과제 유형에 적절한 평가 요소, 척도, 세부 내용이 제시되었는가?
- 채점기준표를 보고 여러 사람이 채점해도 신뢰도를 확보할 수 있는가?
- 채점기준표에 사용된 어휘는 절절한가?
- 채점기준표의 내용에 편파적인 것은 없는가?

이러한 셀프 체크리스트를 바탕으로 자신의 평가 문항을 완성한 후, 전문적 학습공동체에서 다양한 관점에서 다시 한 번 검토를 거친다면 평가 문항의 완성도나 신뢰도 문제를 어느 정도 해결할 수 있게 된다.

처음에는 누구나 힘들다. 실수도 잦고 오류도 나올 수 있다. 완벽하지 않아도 괜찮다. 완성도 높은 문항을 만들 자신이 없기 때문에 교사별 평가를 더 이상 유보하지 않았으면 좋겠다. 책에서 배울 수 없는, 실천 과정에서 생기는 고민·오류·성찰을 통해 갖추어지는 전문성이 있다. 교사별 평가문항 개발과 적용도 그 중 하나다.

07
교사별 과정 중심 평가 톡톡톡(Talk)

과정 중심 평가는 결과와 함께 과정을 중시하는 평가다. 과정에 초점을 맞추는 이유는 학생의 성장을 이끌어내는 피드백을 적기에 제공하기 위함이다. 이를 위해 성취기준을 해석하고 배움(수업)의 과정을 설계하여 각 과정의 마디마디에서 반드시 학습해야 할 핵심을 짚어낼 수 있는 안목이 교사가 갖추어야 할 평가 역량이 된다.

이는 말처럼 간단하지가 않다. 지금까지 한 차시 중심의 수업 설계, 수업 기법에 집중하던 시선에서 벗어나야 한다는 의미다. 즉 단원, 프로젝트, 또는 주제 단위 수업 설계가 이루어져야 한다는 뜻이기도 하다. 물론 한 차시 수업에서도 과정을 중시하는 평가가 이루어질 수 있지만, 이는 과정 중심 평가가 지향하는 평가 본질을 담아내기에 충분하지 못하다. 한 차시에서 이루어지는 과정 중심 평가는 필연적으로 다음 수업을 위한 과정으로써 의미가 있기 때문이다. 차시와 차시가 모여 수업의 과정이 되고, 평가는 이 과정에서 디딤돌이나 징검다리의 역할을 하게 된다.

과정 중심 평가가 현장에 소개된 지 5년 이상이 지났다. 이제는 특별한 거부감 없이 학교 현장에 자리 잡은 것 같은 느낌을 주고 있지만, 실상은 충분히 만족스럽지 못하다. 정책의 확산 과정에서 여러 가지 시행착오는 자연스러운 현상이나, 반대와 저항보다 위험한 것은 무비판적 수용에서 오는 오해와 오해에서 비롯된 잘못된 관행이 주류로 자리 잡는 현상이다. 이는 새로운 변화를 거부하며 그 자리에 주저앉게 만든다.

과정 중심 평가와 관련한 현장의 다양한 생각들을 짚어보자.

1. 과정 중심 평가는 한 단원(또는 프로젝트)에서 한 번만 평가해도 충분하다

과정 중심 평가의 대표적인 오해는 '한 단원에서 한 번만' 평가하고도 과정 중심의 평가라 생각하고 만족하는 것이다. 즉 성취기준의 도달 과정이나 역량 함양 과정이 평가에 반영되지 않는다. 한 단원의 마무리쯤에 한 번 평가하거나, 단원의 중간쯤 한 번 평가한 후 우리 학교는 과정 중심 평가를 '내실 있게' 시행하고 있다고 믿어버리는 경향 말이다. 과거 중간 기말고사와 비교해보면, 그때는 분기별 1회에 치르던 시험을 각 단원에 분산하여 치르니 중간·기말고사 형태의 총괄평가와 비교하면 '과정'의 의미가 있다고 잘못된 의미를 부여하는 것이다.

과정 중심 평가에서 '과정'은 다양한 의미로 해석될 수 있지만, 기본적으로 '성취기준 도달 과정'을 의미한다. 따라서 성취기준 도달 과정을 마디(차시)와 마디를 연결하는 구조화된 수업으로 파악하고, 각 마디에 적절한 평가와 피드백이 이루어질 때 성장을 돕는 과정으로서의 평가가 될 수 있다. 일반적으로 1~2개의 성취기준이 하나의 교과서 단원으로 구체화되었다고 전제할 경우, 단원에서 한 번, 즉 일회적인 평가는 마디와 마디를 연결하고 강화시키에 부족하므로 과정 중심 평가의 취지를 충분히 살렸다고 판단하기 어렵다. 이는 단원 학습 결과를 1회만 평가하는 '분산된 형태의 결과중심평가'로 보는 게 보다 적절하다. 설령 단원의 중간에 평가했다 하더라도 이후 피드백이 이루어지지 않거나 평가 결과가 다음 차시 수업 설계에 반영되어 추가적인 진단, 확인, 재평가가 이루어지지 않는다면, 이 역시 교사별 과정 중심 평가의 의도를 충분히 살렸다고 보기 어려울 것이다.

한 단원에서 한 번 형식적인 평가(지필 또는 수행, 나이스에 평가 결과가 반영되는)를 치르더라도 과정 중심 평가의 의미를 살릴 수 있는 방법이 있다. 바로 형성평가를 적극적으로 활용하는 것이다. 형성평가는 채점기준표, 예시답안 등의 개발 과정을 생략할 수 있어서 지필 및 수행평가 문항을 개발하는 것보다 부담이 적고, 상황에 맞게 유연하게 변형하여 적용할 수 있는 장점이 있다. 교사별 과정 중심 평가 실행 과정은 교사의 심리적·시간적 부담이 상당하다. 이를 보완하는 장치로 까다로운 절차와 형식에서 자유로운 형성평가를 적극 활용할 필요가 있다.

☑ 평가 내용만큼이나 중요한 평가 시기

그렇다면, 평가 시기(순서)와 횟수는 어떻게 결정하는 게 좋을까? 진단평가(또는 진단활동)는 매 수업마다 비형식적으로 수업 중 다양한 활동에서 이루어지는 게 좋다. 그리고 이는 배움중심수업의 핵심이기도 하다. 여기서 진단평가는 교사의 질문, 관찰, 쪽지시험, 문제풀이, 활동지 작성 등을 포함한다. 교사가 학생의 배움 정도를 확인하는 모든 행위는 진단의 범주에 포함될 수 있다.

앞서 다루었던 단원 평가 형태의 일회성 평가를 살펴 보며 평가 시기와 횟수에 대해 좀 더 알아보자.

[단원 평가 형태로 이루어지는 일회성 과정 중심 평가]

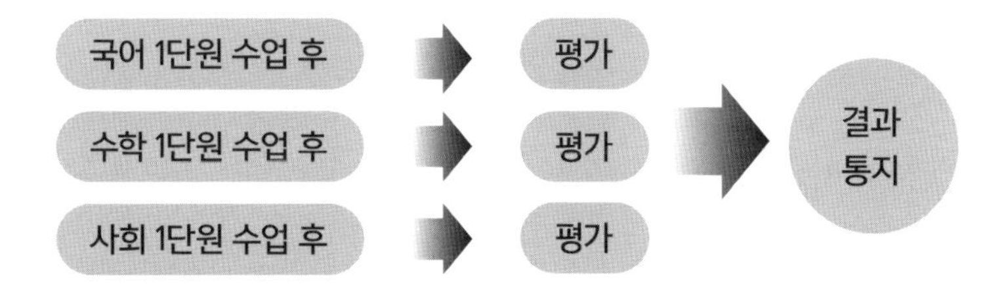

* 과정 중심 평가의 핵심인 피드백이 누락된 채 1회성 단원평가만 치르는 경우

기존 중간·기말고사 형태의 총괄평가보다는 피드백에 유리하고 나름대로 과정이 드러나지만, 하나의 성취기준을 중심으로 본다면 이런 형태 역시 결과중심평가와 크게 다르지 않다. 달리 표현하자면, 단원을 마치고 치르는 단원평가와 별반 다르지 않다. 과정 중심 평가가 현장에 도입되고 난 후, 가장 많은 오해가 바로 이와 같은 형태의 단원 평가를 과정 중심 평가라 생각하는 경향이다.

[성취기준의 도달 과정에서 이루어지는 과정 중심 평가의 예시]

단원 학습이 끝날 때쯤 수업 중 평가가 이루어졌지만, 평가 과정에서 적절한 피드백을 통해 학생의 성장을 지원할 수 있다.

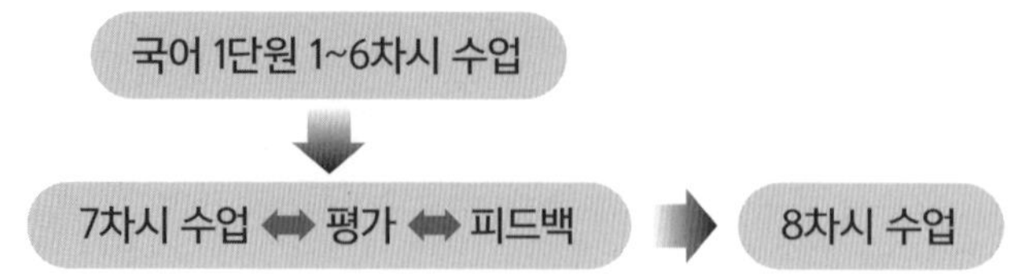

단원 학습 중 평가가 이루어지고, 평가 내용을 바탕으로 교사의 수업 재설계가 이루어져 이후 수업을 통해 학생의 성장과 배움이 이루어질 수 있다.

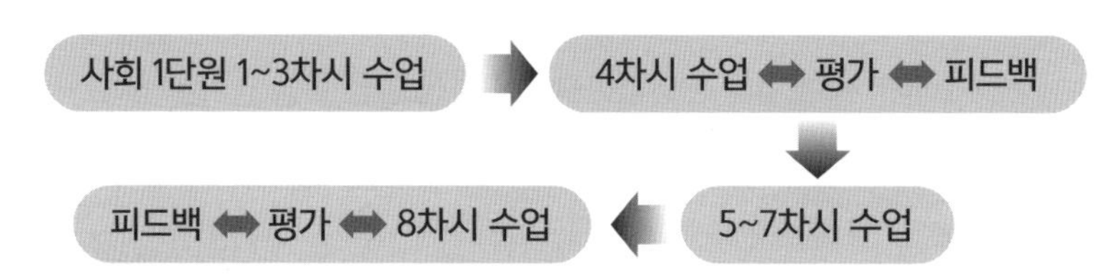

단원 학습 과정에서 재평가가 이루어진 경우로, 1차 평가 이후 성장정도를 다시 한번 평가하며 피드백과 성장이 이루어지는 경우이다.

* 평가는 지필, 수행, 형성 등 다양한 유형을 포함한다.

그렇다고 평가 시기와 횟수를 한 단원에서 무조건 많이 해야 한다고 오해하지 마시길 바란다. 과정 중심 평가답게 되려면 평가 중 피드백과 평가 이후 수업이 중요하다. 평가에 아이들이 마주하는 것이 오롯이 평가에 대한 결과라면, 이는 과정 중심 평가일 수 없다. 모름지기 과정 중심 평가라면 평가가 교사의 다음 수업에 영향을 주어야 하고, 피드백을 통해 학생은 자신의 부족함을 좀 더 잘 배울 수 있어야하며, 성장의 결과를 재확인 받을 수 있는 기회를 제공해야 한다. 수행/지필 평가 형태의 형식적인 평가만을 고집한다면 교사의 평가 부담이 매우 증가한다. 따라서 비형식으로 활용할 수 있는 진단평가와 형성평가를 적극 활용하여 평가 부담은 줄이되 과정 중심 평가의 목적을 살린 평가가 이루어질 수 있도록 해야 할 것이다.

2. 교사별 과정 중심 평가와 과정 중심 평가는 동일한 개념인가?

앞서 다루었지만, 교사별 과정 중심 평가와 과정 중심 평가는 동일한 개념으로 보기 어렵다. 이 둘을 동일하다고 전제할 경우, 교사별 과정 중심 평가의 현장 확산은 거의 불가능해 보인다. 지금까지 동학년(동교과) 교사들이 함께 해왔던 평가 전 과정을 교사별로 서로 다르게 하기 위해 바꿔야 할 것들이 너무나 많은 까닭이다. 때문에 기존 과정 중심 평가 형태를 그대로 유지하고 싶어하는 구성원이 많아지고 변화의 동력은 상실된다. 차별성을 대조하여 부각시키고 필요성과 당위성을 강조해야 학교 현장에서도 확산이 가능하다.

교사별 과정 중심 평가와 과정 중심 평가의 대표적인 차이점을 살펴보자.

구분	내용
평가 계획	학급별 평가 계획이 다르다. 즉 평가 문항 개수가 다르다.
평가 문항	동일한 성취기준을 평가하더라도 학급별(교과별) 문항이 달라진다.
채점 기준	평가 문항이 다르니 당연히 채점 기준도 달라진다.
통지 방법	학급별 특색 있는 통지 방법의 활용이 가능하다.
통지 시기	학급별 평가 시기가 다르므로 통지 시기도 달라질 수 있다.
전문적 학습공동체 운영	전문적 학습공동체에서 동일한 문항을 동학년 교사들과 함께 만들었다면, 서로 다른 문항을 함께 검토하는 형태로 운영 방법이 변화된다.

교사별 과정 중심 평가는 수업과 맞물려 있다. 교사별로 평가하기 위해서는 성취기준 중심의 교사별 수업이 설계되고 적용되어야 하므로, 교사 수준 교육과정의 편성·운영의 바탕 위에 세워져야 한다. 교사별

과정 중심 평가는 필연적으로 교사 수준 교육과정을 필요로 한다. 또한 교사별 과정 중심 평가는 미래 교육과정이 지향하는 학생 맞춤형 교육과정, 학생 주도 교육과정, 교사 수준 교육과정의 관점에서 이해될 때 자리를 찾아갈 수 있다.

3. 과정 중심 평가는 수행평가인가?

다양한 평가 용어로부터 비롯된 혼란이다. '과정 중심 평가 = 수행평가'의 개념은 절반은 맞고 절반은 틀리다. 수행평가는 본래 과정을 중요시하는, 결과 중심·지식 중심 총괄평가의 대안적인 개념으로 도입되었다. 수행평가에는 본래 '수행 과정'을 관찰하여 전문적으로 판단하는 절차가 포함되어 있다.

하지만 수행평가와 구분되는 지필평가도 과정 중심 평가로 실시할 수 있다. 단, 여기서 지필평가의 개념은 인지적 영역 중심의 평가를 의미한다. 예컨대 두 자리 수의 덧셈을 학습하는 과정에서 받아 올림이 없는 두자리 수의 덧셈에서 평가와 피드백이 이루어지고, 이후 평가 결과를 바탕으로 수업이 새롭게 설계된 후 다시 받아 올림이 있는 두 자리 수의 덧셈에서 평가와 피드백이 이루어졌다면 인지적 영역 중심의 지필평가 문항으로도 과정중심의 평가가 가능한 것이다. 수행평가를 수행평가답게 운영한다면, 수행평가는 과정 중심 평가가 되지만, 과정 중심 평가는 꼭 수행평가만을 의미하지는 않는다. 지필평가도 얼마든지 과정 중심으로 활용될 수 있다.

4. 과정만이 중요한가?

과정 중심 평가를 강조하다보니, 결과에 대한 평가를 터부시하는 경향이 급속도로 확산되었다. 특히 초등에서는 선다형 평가 문항을 아예 활용하지 않거나 총괄평가 형태의 평가를 금지하기도 한다. 다양한 평가 방법들이 상황과 성취기준에 적합하게 상호보완적으로 활용되어야 하는데 정책의 기조에 따라 특정 평가방법만 강조되는 경향도 바람직하지 않다. 중간 기말고사로 대표되는 '선택형 중심의 일제식 총괄평가'와 '100점 만점의 점수화·서열화·일변도'의 평가 관행은 문제지만 이는 총괄평가 자체의 문제는 아니다. 총괄평가도 많은 성취기준을 짧은 시간에 높은 신뢰도를 바탕으로 확인할 수 있다는 장점이 있다. 선택형 중심에서 벗어나 서·논술형 문항을 적절히 배합하면 학생의 종합적인 성취 수준을 비교적 간단히 진단하고 피드백하는 용이한 평가도구로 활용될 수 있는 것이다. 특별히 수학 교과처럼 학습결손 누적의 영향이 두드러진 교과는 단원학습을 마친 후 총괄평가 형태로 학습 정도를 확인하고 보충지도와 피드백이 필요하다 생각한다. 다만 이때 총괄평가 결과를 점수화하고 서열화하여 학습의 최종 결과로 삼는 것이 아니라 진단하고 처방하기 위한 보조 자료로 활용한다면 부작용은 최소화하고 총괄평가의 긍정적 기능을 극대화할 수 있을 것이다.

교과에 따라, 상황에 따라, 우리 반 학생의 특징에 따라 과정과 결과가 적절히 조화된 평가가 필요하다. 이를 적절히 조율하는 것은 교사의 몫이다.

5. 사례로 알아보는 톡톡!

"과정 중심 평가는 과정을 중요시하는 평가이니만큼, 매 수업마다 다양한 형태의 평가를 하면 되겠구나. 10차시 분량의 프로젝트를 재구성했으니 각 차시마다 1번씩, 10번 정도 평가하면 좋겠네."

모든 과정을 평가해야 한다는 부담에서 벗어나야 한다. 자칫 평가를 위한 평가를 하다가 수업 자체에 소홀해질 위험이 있다.

"수행평가가 대표적인 과정 중심 평가라고 하니, 수행평가를 모든 교과에서 일괄 적용하면 진정한 과정 중심 평가가 되겠군!"

교육과정 문해력을 바탕으로 성취기준을 해석한다면, 모든 성취기준을 수행평가로 하기엔 무리가 있다는 사실을 발견하게 될 것이다. 성취기준에 따라 지필평가(서술형 문항 등)로 이루어지는 것이 자연스러운 교과도 있다는 사실!

"과정을 중시하는 평가이니 만큼, 이전까지 치르던 단원 학습 후 치르던 *** 온라인 학습 사이트에서 활용하던 단원평가 형태의 시험은 잘못되었으니 이제부터는 하지 말아야지."

온라인 학습 사이트의 문제를 활용하는 것 자체가 잘못되었다고 보긴 어렵다. 상황에 따라 기존에 개발된 문제를 간편하게 활용해야 할 경우도 있기 때문이다. 다만 교사의 판단에 따른 검토 없이 일방적으로 적용하는 것은 잘못된 것이다. 교사 수준 교육과정에 적합하게 변형하여 적용하는 안목이 필요하다.

"아무리 성장을 돕는 것이 평가의 목표라지만, 재시험은 형평성에 너무 어긋나는거 아닌가요? 민원 들어오면 어떡하죠?"

과정 중심 평가의 목적을 바르게 인식한다면, 재평가도 무리가 없을 것이다. 과거 공정성, 변별력, 상대평가 중심의 평가 관점에 사로잡혀 있다면, 과정 중심 평가의 실현은 요원한 이상이 된다.

"평가지에 첨삭하고 가정으로 통지하는 형태의 피드백은 위험하다고 봐요. 문제 오류 때문에 책잡힐 수도 있고, 문제가 유출되거나 저작권 문제도 발생할 수 있잖아요."

과거 특정 문제집이나 이전 학년도 문항을 재사용하는 경우, 평가 문제 유출이나 저작권 문제가 현장에서 불거지기도 하였지만, 교사별 과정 중심 평가를 시행하는 경우 이러한 문제는 자연스럽게 해결된다. 교사가 설계한 수업에 맞추어 특색 있는 평가지가 개발되기 때문이다. 성취기준에 기반한 맞춤형 수업과 이에 적합한 평가문항의 개발과 적용은 궁극적으로 학부모의 공교육에 대한 신뢰도를 증가시킬 것이다. 문제 오류에 대한 두려움은 전문성을 기반으로 극복해야할 과제이다. 학년별 전문적 학습공동체와 학업성적관리규정에 이의제기 신청 절차를 준수한다면 적절히 대응할 수 있을 것이다. 실수가 두려워 교사 전문성의 본질을 함양할 수 있는 기회를 놓치지 않았으면 좋겠다. 그리고 평가지 첨삭과 가정 통지는 학부모의 불만을 야기하기보다 오히려 교사에 대한 신뢰와 학교 교육의 만족도를 증가시켜주는 사례들이 많았다.

"모든 아이들이 성취기준에 도달해도 되는 건가요? 거의 대부분 매우 잘함인데, 문제의 변별력이 없어지는 것 같아 걱정이네요."

과정 중심 평가는 모든 학생이 성취기준에 도달할 수 있도록 돕는 평가다. 수업과 평가 과정에서 학습 곤란점을 진단하여 적절한 피드백을 제공함으로써 자연스럽게 성취기준의 도달률을 높이는 것이다. 과정 중심 평가가 잘 이루어진다면 성취기준에 도달하는 학생은 자연스럽게 증가할 것이다. 선발을 위한 평가의 경우 변별력도 평가의 중요한 기능으로 작용하겠지만, 일반적으로 초등에서 이루어지는 과정 중심 평가는 변별이 핵심 기능은 아니다.

"협력해서 함께 푸는 문제는 평가 문항으로 적절하지 않은 것 같아요. 친구 정답을 보고 컨닝하면 어떡해요? 수업은 협력이나 활동 중심으로 하지만 평가는 개인별 시험 형태로 하는 게 맞는 거 같아요."

협력적인 문제해결능력을 측정하는 문항은 국제학업성취도평가(PISA)에 출제된 유형이다. 교육과정이 지향하는 미래 핵심역량 중 의사소통역량과 공동체 역량은 협력이라는 공통분모를 공유하는 것도 우연이 아니다. 협력할 수 있는 평가 문항을 적용하는 것은 역량기반 수업에 꼭 필요하다. 하지만 평가 과정에서 단순 무임승차나 정답을 컨닝하는 위험성도 배제하긴 힘들다. 이를 방지하기 위해 단순히 암기된 지식을 측정하는 문항은 피하고, 답안을 스스로 구성할 수 있도록 문항을 제작해야한다. 한번 보면 그대로 재생할 수 있는 단순한 문항보다 서술이나 논술형 문항이나 과정을 기록할 수 있는 문항이 보다 적절하다. 그리고 협력적인 활동과 더불어 개인적으로 해결해야하는 문항도 더불어 제시하는 것이 좋다.

"서·논술형 평가가 고등사고력 신장에는 도움이 되지만, 채점도 어렵고 점수에 대해 이의제기가 두렵기도 해요. 가급적 정답이 명확한 내용을 출제하는 게 맞다고 봐요."

정답이 명확하고 채점의 신뢰도와 객관도를 높이기 위해서는 선택형이나 단답형 문항을 출제하는 것이 가장 좋다. 하지만 이러한 평가 방식은 단순히 지식을 암기하는 수업을 조장하고 역량을 함양하는 미래교육의 방향과 상충된다. 단순 암기보다 지식을 이해하고 문제 상황에서 활용할 수 있는 역량을 길러주기 위해, 문제에 대한 자신의 생각을 논리적으로 구성하는 힘을 길러주기 위해 서논술형 평가는 필요하다. 채점기준표 개발과 문항 개발이 어려운 것은 사실이지만, 그만큼 다양한 생각을 수용할 수 있는 열린 평가 방법이며 평가를 통해 의도한 교육적 효과를 달성하기에 용이하다. 역량을 함양하는 수업, 생각을 키우는 수업, 학생이 참여하는 수업을 설계하고 실천하였다면, 평가도 역시 같은 맥락에서 이루어져야 할 것이다.

08

교사별 과정 중심 평가 계획에서 통지까지

[교사별 과정 중심 평가 실천 과정]

1단계 : 교육과정 및 평가 문해력 함양

학교 교육과정의 이해	학년 교육과정의 이해	학업성적관리규정의 이해

2단계 : 교사 교육과정 계획 수립

성취기준 분석	학기 수업 계획 수립 (교과별 진도표)	교사별 평가 계획 수립

학업성적관리위원회 심의 / 평가 계획 안내

3단계 : 배움중심수업 및 교사별 과정 중심 평가 실행

배움중심수업		과정 중심 평가
수업계획수립	↔	평가문항개발
수업자료개발		채점기준개발
수업 중 평가 실행		수업 중 평가 실행
수업계획 수정보완		채점과 피드백

평가 결과 이의 신청 / 수정된 평가 계획 및 문항 최종 결재

4단계 : 기록 및 통지

나이스 기록	평가 결과 통지

전문적 학습 공동체

1단계 교육과정 및 평가 문해력 함양

" 교사별 과정 중심 평가를 준비하는 시기 "

❶ 학교 교육과정의 이해

학교 교육과정을 이해하는 것은 교사 교육과정과 교사별 평가에 어떠한 영향을 줄까? 학교 교육과정에 대한 문해력이 있는 교사의 평가는 무엇이 다른가? 사실 학교 교육과정이 정상적으로 작동하는 교육과정 중심의 건강한 학교라면 학교의 비전, 역량, 중점교육활동이 교사 교육과정의 수업과 평가에 직간접적으로 영향을 주게 된다. 하지만 다수의 학교는 학교 교육과정과 별개로 교실 수업과 평가가 운영되고 있는 것이 현실이다. 교육자치가 강화되고 학교 자치가 활성화될수록, 학교 교육과정의 중요성과 교사 교육과정이 갖는 영향력은 더욱 강화될 것이다. 학교 교육과정은 교사 교육과정에 뿌리내리고 교사 교육과정은 교사별 수업과 평가로 실현된다.

예컨대 지속가능발전교육을 학교 중점교육으로 설정하였다면, 이는 행사 중심으로 운영할 것이 아니라 지속가능발전교육과 관련된 성취기준을 학년별로 추출하여 완성도 높은 수업을 구성해야 하며, 여기에 교사의 적절한 평가가 뒷받침되어 학교 교육과정의 실천력과 응집력을 강화하는 형태가 되어야 한다. 따라서 학교 교육과정에 대한 문해력을 바탕으로 나의 교사 교육과정과 교사별 과정 중심 평가를 설계하고 적용하는 역량이 필요하다.

❷ 학년 교육과정의 이해

내가 속한 학년의 특색 교육 활동은 무엇인가? 동학년 교사들과 함께 마음을 모아 설계하고 평가 해야 하는 수업은 무엇인가? 우리 동학년은 교사별 평가를 수용하는가? 함께하거나 따로 해야 할 평가는 언제, 무엇이며 어느 수준과 범위까지 용인되는가?

이러한 질문에 대한 답을 찾아가는 과정은 학년 교육과정을 수립하는 과정에서부터 협의되어야 한다. 교사별 평가에 대한 생각을 공유하고 실행 수준과 범위를 협의하여 학년 교육과정에 반영한다. 이때 학년 교육과정은 교사별 교육과정의 교집합이자 울타리가 된다.

[학교 교육과정과 학년 교육과정의 기초 위에 교사 교육과정과 교사별 평가 세우기]

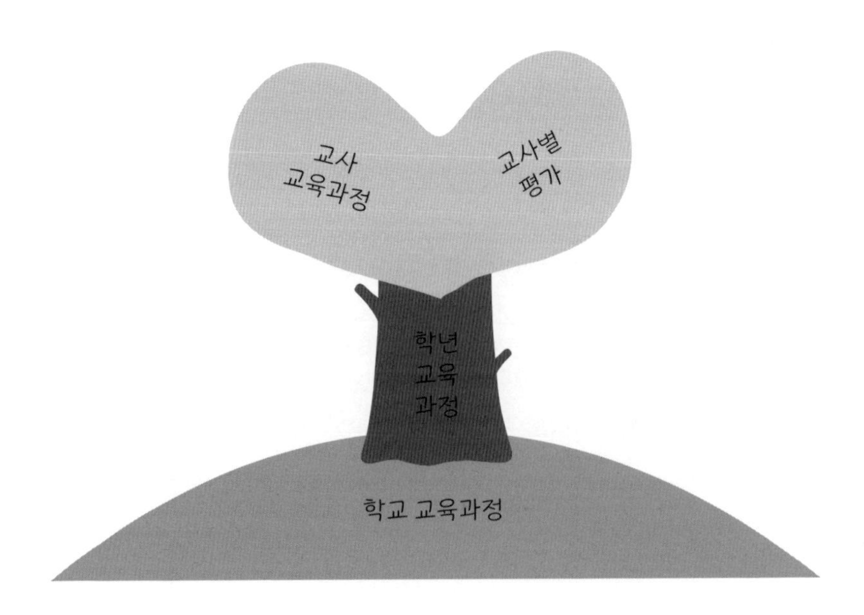

❸ 단위 학교 학업성적관리규정의 이해

단위 학교의 학업성적관리규정은 어떻게 수립되어 있는가? 교사별 평가를 시행할 때 유의해야할 점은 무엇인가? 각 교과의 평가 개수는 정해져 있는가? 수행평가만으로 가능한 교과는 무엇인가? 학생과 학부모의 이의제기 절차는 어떻게 진행되는가? 지필평가와 수행평가는 어떻게 구분하는가? 통지 방법과 시기는 어떻게 결정하는가? 등 교사별로 이루어지는 평가에서 담임(교과) 교사가 분명히 알고 있어야 하는 기준과 내용을 이해하기 위해서는 단위 학교 학업성적관리규정을 파악하고 있어야 하며 학업성적관리규정 제개정에 적극적으로 참여하여 목소리를 내어야 한다. 또한 단위 학교의 규정과 더불어 시·도 수준의 학업성적 관리지침도 읽어볼 필요가 있다.

2단계 교사 교육과정 계획 수립

" 교사별 과정 중심 평가 큰 그림 그리기 "

❶ 성취기준 분석 및 학기 단위 교과별 수업 계획 수립

해당 학년의 성취기준을 읽고 학기 단위의 교과별 지도 계획(학기별 진도표)을 수립한다. 교사 교육과정의 목표와 철학에 적합하게 교육과정을 재구성하거나 개발한다. 이에 대한 상세한 내용은 『교사 교육과정을 DIY하라』에서 제시하였다.

❷ 교사별 한 학기 교과 평가 계획 수립

교과별 성취기준 중 어떤 성취기준을 형식적인 평가(지필 또는 수행) 계획에 포함할 것인가? 모든 성취기준을 수업해야 하고, 모든 수업에는 평가가 이루어지는 것이 자연스러운 현상이다. 하지만 그 중 어떤 평가를 지필/수행 평가로 실시하여 나이스 기록에 남기고 어떤 것을 형성평가 등의 비형식적인 평가로 다룰 것인지는 교사의 교육적 판단에 의해 결정된다.

따라서 평가 계획의 합리적인 선정 기준이 있어야 한다. 선정 기준은 교사 교육과정의 목표, 학습자의 성취도, 흥미, 관심, 성취기준의 중요도 등 다양한 요소가 고려된다. 때론 경험을 바탕으로 아이들이 학습하는데 어려움을 겪는 지점, 인지적 학습 부담이 큰 지점, 교과 지식의 계열성이 뚜렷하여 누적된 학습 결손이 심화될 수 있는 성취기준에 평가가 이루어지는 것이 배움의 효과를 높일 수 있다.

과거에는 나이스 시스템이 학년별 평가만 입력 가능하도록 되어 있었지만 현재는 교사별 서로 다른 계획으로 평가할 수 있도록 시스템이 개선되었다. 지금까지 임의적으로 평가 계획이 수립되었다면 앞으로 의미 있는 평가 지점을 찾기 위해 노력해보자. 학기 초 이루어지는 평가 계획에도 교사의 의도를 담아보자.

평가 계획에는 각 교과(학년)별 평가의 **영역·요소·방법·시기·기준 및 결과의 활용** 등을 포함한다.* 평가 계획에 포함되는 내용은 시도별 학업성적관리지침에 따라 일부 변경될 여지도 있다. 이를 바탕으로 일반적으로 아래와 같은 교사별 평가 계획이 수립된다.

* 2021 학교생활기록부 기재 요령 84p

5학년 2학기 국어과 평가 계획 예시

단원	성취 기준	영역	평가 유형	평가 방법	평가 요소	평가 기준	시기
2. 지식이나 경험을 활용해요	6국 03-05	쓰기	수행	서술형 논술형	· 문장의 호응 관계 알기 · 견문과 감상 이해하기 · 체험이 드러나는 견문과 감상을 살려 글쓰기	상/중/하 (생략)	10월

- **성취기준 / 영역** : 성취기준 코딩번호에는 이미 영역이 표기가 되어 있어 표에 별도로 영역을 구분할 필요는 없어 보인다.
- **평가 유형** : 2021 학교 생활기록부 기재 요령 83쪽에는 '교과 학습의 평가는 지필평가와 수행평가를 구분하여 실시한다'고 되어 있지만, 시도교육청별로 초등에서는 지필과 수행을 평가 계획에서 구분하지 않기도 한다.
- **평가 요소** : 평가 요소란 성취기준 도달 여부를 확인할 수 있는 가장 중요한 학습의 증거로 수업을 통해 달성해야 할 지식, 기능, 태도를 제시한 것이다. 즉 성취기준에 기초하여 '무엇을' 평가할 것인가에 대한 내용이며 채점 기준을 만들기 위해 작성된다.
- **평가 기준** : 성취기준에 도달한 정도를 상/중/하로 나누어 진술한 것으로 2015 개정 교육과정 고시와 동시에 교육부 차원에서 각 성취기준에 따른 평가 기준을 개발하여 보급하였다. 평가 계획 수립 시 평가 기준을 개별로 개발하여 적용하기보다 기 개발된 자료를 손쉽게 활용할 수 있다(국가교육과정정보센터 > 교육과정자료실 > 평가기준 탑재). 단 성취기준 재구조화로 성취기준이 분할, 통합, 압축된 경우에는 재구조화된 성취기준에 맞게 평가 기준이 개발되어야 할 것이다.

❸ 동학년(군) 중심 전문적 학습공동체를 통한 평가 계획 검토

동학년 교사들과 평가 계획을 상호 교차 검토하며 평가 계획의 완성도를 높이는 과정이다.

[무엇을, 어떻게 검토할 것인가?]

- 교사별로 평가할 성취기준을 선정한 이유를 나눠본다.
- 대화 과정에서 교사별 평가 계획을 수정·발전시킨다.
- 성취기준과 평가 방법이 적절한지 함께 검토해본다.
- 평가 시기는 적절한가? (학사 일정은 고려되었는가?, 수업 계획과 평가 계획의 시기는 일관성이 있는가? 계절적 특징을 고려할 필요는 없는가? 재구성된 수업의 평가시기가 반영되었는가 등)
- 성취기준에서 드러난 지식, 기능을 평가할 수 있는 평가방법인가?
- 동학년 간 평가 문항을 함께 만들 성취기준은 무엇인가?
- 본교 학업성적관리규정에 어긋나는 평가 계획은 없는가?

---

❹ 교사별 평가 계획 제출

통상 1학기 정보공시 전 내부결재를 득하고 학교 알리미와 학교 누리집에 평가 계획을 탑재하게 된다. 교사별 평가 계획은 학업성적관리위원회의 심의 대상이며 학교장(또는 교감)의 사전 결재를 받고 안내되어야 한다. 교사별 평가 계획이 수정될 시 학기 말 사후결재를 받되, 학부모와 학생에게는 수정 즉시 안내하는 것이 좋다.

❺ 교사별 평가 계획 안내

정보공시 학교 알리미, 학교 누리집, 학급 밴드, 안내장 등 다양한 소통 창구를 활용하여 교사별 평가 계획을 안내한다.

3단계 교사별 수업 및 평가 실행

" 계획을 실천으로 연결하기 "

❶ (수업 설계) 성취기준 기반 평가 연계 수업 설계

평가 문항 개발은 수업 설계와 함께 시작되어야 한다. 수업 설계는 평가 시기, 평가 내용, 평가 장면, 피드백 방안 등이 포함된 개념으로 이해해야 한다.

교사별 과정 중심 평가에서 수업 설계와 평가 문항 개발은 동시에 시작되는 게 좋다. 수업 설계와 동시에 이루어지는 평가 설계는 아이디어 차원으로 접근하는 것이 좋다. 수업 설계에 초점을 맞추되 그 과정에서 수업과 밀접하게 연계된 평가 목표, 길러줄 역량, 평가 문항, 평가 장면 등에 대한 대략적인 윤곽을 구상하는 정도이다. 구체적인 평가 문항의 개발은 평가를 염두에 둔 수업 설계가 완료된 이후 이루어지게 된다.*

수업 설계와 함께 평가 계획 수립

성취기준	6국03-05 체험한 일에 대한 감상이 드러나게 글을 쓴다.
영역	국어 (2. 견문과 감상을 나타내어요)
차시	**배움 주제**
1	견문과 감상이 드러나는 글의 특징
2	견문과 감상이 드러나는 글 읽기

* 이러한 형태는 일반적인 교사별 과정 중심 평가의 형태이고, 백워드 수업에서는 성취기준을 분석하고 평가 문항을 개발한 후 수업을 설계하는 형태를 사용하기도 한다.

3	견문과 감상이 드러나는 글을 쓰는 방법 알기
4	* 평가: 형성평가
5	문장 성분의 호응 관계에 주의하며 글 고쳐 쓰기
6	
7	학교 인근 시립박물관을 견학하며 견문과 감상이 드러나는 글쓰기
8	호응 관계에 주의하며 고쳐쓰기
창체	* 평가: 수행평가

- 견문과 감상이 드러나는 글 쓰기 방법을 익히는 것은 한 편의 글을 쓰기 위해서 반드시 이해하고 넘어가야 하는 지점이다. '견문과 감상이 드러나는 글 쓰는 방법'을 골든벨, 빈칸 채우기, 분류하기 등 다양한 활동으로 평가 및 피드백하여 완전학습이 이루어질 수 있도록 형성평가를 계획한다. 또한 문장의 호응관계에 대한 문법적 이해 부분은 많은 아이들이 어려워하는 지점이므로, 역시 쪽지 시험과 놀이 활동으로 형성평가를 적용한다.
- 이후 성취기준 도달을 직접적으로 확인할 수 있는 견문과 감상이 드러나는 글쓰기 수업을 수행평가로 계획하여 수업에서 배운 내용을 실제 상황에서 활용할 수 있도록 계획한다.

[평가는 언제 하는 게 좋을까?]

- 성취기준 도달 정도를 확인할 수 있는 지점
- 성취기준을 도달하는 데 반드시 거쳐야 하는 중간지점
- 많은 아이들이 어려워할 것으로 예상되는 지점 (형성적 피드백이 필요한 지점)
- 교사의 교육적·전문적인 판단에 의한 평가 시기의 결정

❷ (평가 내용) 성취기준 기반 과정중심 평가 문항 개발

평가 정보표는 평가 도구를 개발하기 전 평가 도구에 대한 구체적인 정보를 작성하는 것을 말한다. 일반적으로 단원, 평가과제, 성취기준, 평가요소, 평가 방법, 유의사항, 피드백 방안, 예시 답안 등을 포함한다. 또한 채점기준이나 평가 기준을 정보표에 포함하여 한 장으로 제작하기도 한다. 정해진 방법은 없으며 평가 도구 개발의 효율성을 높이기 위해 비교적 간단하게 작성하는 추세다.

평가 정보표 예시

<table>
<tr><td>교과·단원</td><td colspan="3">2. 지식이나 경험을 활용해요</td></tr>
<tr><td>성취 기준</td><td>6국03-05</td><td>시기</td><td>10월</td></tr>
<tr><td>평가 과제</td><td colspan="3">견문과 감상이 드러나는 글쓰기</td></tr>
<tr><td>평가 요소</td><td colspan="3">· 견문과 감상 이해하기
· 체험이 드러나는 견문과 감상을 살려 글쓰기</td></tr>
<tr><td>평가 방법</td><td colspan="3">서술형, 논술형</td></tr>
<tr><td>평가자 의도</td><td colspan="3">견문과 감상이 드러난 자신의 체험이 드러난 글을 쓴 후 자신이 쓴 글을 호응관계에 맞게 검토하는 과정에서… (중략)</td></tr>
<tr><td>유의사항 및 피드백 방안</td><td colspan="3">견문과 감상이 글 속에 고루 나타날 수 있도록 자신의 글을 살필 수 있는 기회를 제공하며, 자기 평가와 더불어 동료 평가를 함께… (중략)</td></tr>
</table>

1차 국어과 평가 문항

· 시립박물관을 견학하며, 견문과 감상이 잘 드러나는 한 편의 글을 써 봅시다.

· 글을 읽고 스스로 평가해 봅시다.

· 출제자 의도: 단원에서 배운 견문과 감상, 그리고 문장의 호응관계를 실제 한 편의 글을 쓰며 활용할 수 있는 수행평가 문항을 개발하였다. 생생한 수업 재료를 제공하고 위해 시립박물관 견학 과정에서 견문과 감상을 작성하는 평가 장면을 설정하였다.

❸ 평가 문항 검토 및 수정

2차 수정된 국어과 평가 문항

· 시립박물관을 견학하며, 견문과 감상이 잘 드러나는 한 편의 글을 써 봅시다.

(1) 견문과 감상을 각각 3가지 써 봅시다.

견문	감상

(2) 시립박물관에서 보고 느꼈던 내용을 바탕으로 문장의 호응 관계에 유의하여 견문과 감상이 드러나는 한 편의 글을 완성해 봅시다.

· 내가 쓴 문장을 읽고, 문장의 호응 관계에 적절하지 않은 문장을 찾아 바르게 고쳐 봅시다.

적절하지 않은 문장	바르게 고친 문장

평가 문항 수정 이유

· 평가 과정을 보다 단계화, 세분화하여 어려워하는 지점을 진단하기 위해 견문과 감상을 구분하여 작성하는 문항 추가

· 평가 문항의 구체적인 조건을 제공하여 답안 작성 및 채점의 타당성과 용이성 확보

· 단순한 자기 평가보다 문장의 호응관계에 집중하여 자신의 글을 되돌아보고 고쳐쓸 수 있는 기회 제공

· 평가 지시문과 문항 양식 보완

☑ TIP - 기존에 개발된 문항 간편하게 활용하기

기존 개발되어 보급된 다양한 평가 문항도 얼마든지 재구성하여 사용할 수 있다. 모든 문항을 직접 개발하기는 어렵다. 개발되어 있는 평가 문항의 과제 유형, 진술 방식, 아이디어 등을 참고하여 교사별 수업과 평가에 활용하는 안목이 필요하다. 필자의 경우 문항의 유형과 아이디어, 평가 과제에 포함된 이미지 등을 주로 활용하는 편이다.

· 교과서 자료를 평가 문항으로도 활용할 수 있음.

· 교사용 지도서에도 다양한 평가 문항이 제시되어 있음.

· 인디스쿨, 학생평가지원포털, 각 도교육청 평가문항 개발 예시자료 등

· 다양한 원격지원사이트에 있는 평가 문항을 수업 의도와 성취기준에 적합하게 비판적으로 검토하여 수정 활용하는 안목이 필요함.

[기존 개발된 평가 문항 재구성을 위한 검토 기준]

· 평가 과제가 현재 내가 계획하고 실천한 수업 목표, 내용과 밀접하게 연계되는가?
· 수업 중 배우지 않은 내용이 포함되어 있지는 않은가?
· 평가 문항은 간결하게 진술되어 있으며 어려운 어휘는 없는가?
· 학습한 성취기준의 지식, 기능, 태도를 평가할 수 있는 과제인가?
· 수업의 과정에서 평가할 수 있는 문항인가?
· 단순 지식 측정이 아닌 역량과 사고력을 함양할 수 있는 문항인가?

❹ 채점기준표 개발*

평가 요소	평가 척도		
	상	중	하
견문과 감상	견문과 감상이 각 3가지 이상 드러나게 완성도 있는 한 편의 글을 쓸 수 있다.	견문과 감상이 각 2가지 이상 드러나는 한 편의 글을 쓸 수 있다.	견문과 감상이 부분적으로 드러나는 글을 쓸 수 있다.
문장의 호응 관계	문장의 호응관계에 맞는 한 편의 글을 쓰고, 호응관계가 잘못된 부분을 찾아 고쳐 쓸 수 있다.	문장의 호응관계가 적절하지 않은 문장이 일부 포함된 한 편의 글을 쓸 수 있으며, 호응관계가 잘못된 부분을 일부 찾을 수 있다.	문장의 호응관계가 적절하지 않은 문장으로 한 편의 글을 쓸 수 있다.
종합 평정	상+상, 상+중	중+중, 중+하	하+하

* 채점기준표와 관련한 자세한 내용은 114쪽에서 상세히 다룬다.

❺ 동학년(군) 중심 전문적 학습공동체를 통한 평가 문항 검토

교사별 평가의 질적 완성도를 높이기 위해서는 다양한 유형의 전문적 학습공동체 중 교내 '동학년 중심'의 전문적 학습공동체 운영이 필요하다. 한 학년에 한 반인 소규모 학급의 경우 학년군 형태로 운영하고, 1학년에 7~8학급 이상인 학년은 두 그룹으로 나누어 동학년 중심의 전문적 학습공동체를 운영하는 것을 권장한다. 또한 전문적 학습공동체가 교실 수업의 개선에 직접 기여하는 본연의 목적 달성과 교사의 역량을 함양하여 학교 교육력을 제고하기 위해서는 실제적인 수업과 평가 문제를 핵심으로 다루어야 하고, 이는 동학년(군) 중심의 전문적 학습공동체를 운영했을 때 효과적으로 가능하다. 교사별 과정 중심 평가를 위해 전문적 학습공동체는 필수이다. 전문적 학습공동체의 기초 위에 교사별 평가가 이루어질 때에만 교사의 평가 전문성은 함양될 수 있으며 평가의 타당성과 신뢰성이 높아질 수 있다는 사실을 명심하자.

[교사별 평가를 지원하는 동학년 중심 전문적 학습공동체 운영]

- 교사별로 개발한 평가 문항을 전문적 학습공동체에서 검토
- 특정 교과나 특정 성취기준의 평가 문항은 전학공에서 함께 개발적용하고 그 밖의 교과 평가 문항은 교사별로 개발 적용
- 학년이 함께 움직이는 프로젝트 수업의 경우 전학공에서 수업과 평가 문항을 함께 개발하여 적용
- 따로 또 같이, 수업과 평가를 중심으로 유연하게 운영되는 공동체

❻ 수업 중 평가 및 피드백 시행

과정 중심 평가에서 수업과 평가는 구분되지 않는다. 평가는 수업 중 이루어지며, 수업은 곧 평가 그 자체이기 때문이다. 수업의 일환으로

제공되는 활동지나 평가지는 사실 매 한가지다. 과정 중심 평가에서는 활동지 = 평가지이다. 특히 점수화와 서열화를 지양하는 초등에서의 평가는 더욱 그렇다. 초등에서 만큼은 평가의 선발적 기능을 배제한 채 진단과 처방적 기능에 집중하여 과정 중심 평가가 이루어질 수 있다.

완성된 평가지를 보면 수업(평가)의 진행과 피드백의 과정이 고스란히 드러난다. 즉 평가 과제의 구성과 흐름은 수업의 흐름과 일관성을 갖고 진행될 수 있다. 이러한 형태로 평가 과제가 개발되어야 수업과 평가가 괴리되지 않은 채 실행될 수 있으며 수업의 과정에서 부족한 부분을 진단하여 즉각적인 피드백을 제공할 수 있다.

수업과 평가의 흐름

평가지(60p 참조)	피드백
1. 시립박물관에서 보고 느낀 내용을 경문과 감상으로 간단히 정리하기	견문과 감상을 바르게 찾을 수 있는지, 잘못된 것은 없는지 확인 및 설명
2. 견문과 감상을 살려 한 편의 글 완성하기, 문장의 호응관계에 알맞은 글 쓰기	문장의 호응관계에 맞게 글을 쓰는지 확인 및 조언, 완성된 글에 견문과 감상이 고루 반영될 수 있도록 안내
3. 문장의 호응 관계가 잘못된 문장 찾아 바르게 고치기	스스로 글을 읽고 호응관계가 잘못된 문장을 찾아 바르게 고칠수 있도록 안내

4. 기록 및 통지

" 배움의 흔적과 성장 기록하기 "

❶ 평가 후 결과 안내 및 피드백, 이의신청 접수 및 처리

학생 평가 결과는 최대한 즉시 학생들에게 안내하고, 그에 적절한 피드백을 통해 부족한 부분을 보완하는 방식으로 이루어져야 한다. 그래야 평가 결과에 대한 적절한 이의 신청 의견을 수렴할 수 있고, 혹시 모를 오류에 대응할 수 있기 때문이다. 평가 결과는 수업의 과정에서 파악되기도 하지만, 평가 문항의 특성상 수업 중 확인이 어려운 경우, 수업이 마친 후 결과를 확인하여 학생들에게 제공하는 것이 좋다. 또한 평가 결과를 바탕으로 다음 교수학습 내용과 방법의 개선이 이루어지기도 한다.

학부모에게 결과 통지는 단위 학교 학업성적관리규정에 따라 실시하되, 다양한 경로를 통해 소통할 수 있는 기회를 마련해두는 것이 좋다. 통상 분기 1회 또는 학기 1회에 통지하는 경우가 많지만, 교사별 과정 중심 평가에서는 통지 횟수나 방법에 있어서도 다양한 적용 방법이 가능하다.

❷ 학기 말 평가 문항 결재 받기

평가 문항이 수업 설계 과정이나 평가 과정에서 일부 수정될 수 있으므로, 평가 문항은 학기 말 최종 결재를 받는다. 학기 초 문항에 대한 결재가 완료되었다면, 변경된 부분에 대해서만 결재를 받는 방법도 있다.

함께 생각해봐요

★ 우리 학교는 어떤 절차로 과정 중심 평가가 이루어지고 있나요?

★ 우리 학교의 학업성적관리규정을 찾아 읽어보고 발전 방안을 제안해 봅시다.

09
평가의 유용한 도구 - 평가 유형과 방법

1. 평가 유형과 방법의 중요성 알기

평가 유형과 방법에 대한 이해는 평가 문항 개발과정에서 가장 유용한 도구다. 교사의 평가 전문성과 직결된다. 평가란 무엇인가에 대한 질문에서 '어떻게' 해야 하는지 결정하는데 평가 유형과 방법이 적절한 해답을 제공한다. 어쩌면 교사가 평가를 부담스러워하는 이유 중 하나가 바로 평가 유형과 유형에 따른 평가 방법을 정확히 구분하지 못하는데서 비롯된다고 볼 수도 있다. 교사가 직접 설계하고 적용한 수업과 이에 적절한 평가 방법을 선정하고 평가 문항을 개발하는 과정은 교사별로 이루어지는 수업과 평가에서 더욱 중요한 자리를 차지하게 될 것이다. 수업에 따라 어울리는 평가 방법이 따로 있고, 평가 방법을 어떻게 설정하느냐에 따라 수업 전략이 달라지기 때문이다.

평가 유형과 방법에 대한 개념과 특징이 머릿속에 잘 정리되어 있다면 필요한 상황에서 적절히 활용할 수 있지만, 반대로 개념이나 용어가 정리되어 있지 않다면 성취기준-평가유형-평가방법-평가문항이 서로 엇박자를 낼 수밖에 없다. 따라서 교사별 평가를 위해 평가 유형과 방법을 정확히 이해하고 구분하여 사용하는 안목을 갖추어야 한다.

평가 방법을 안다는 것은 도구를 사용하는 능력과 비슷하다. 다양한 도구의 쓰임을 안다면 상황과 필요에 맞게 적재적소에 효과적으로 사용할 수 있게 된다. 나사를 풀거나 전기 공사를 할 때 용도에 적합한 도구를 사용하는 것처럼 평가 방법과 특징을 이해하고 있다면 수업 상황에 적합한 평가 방법을 선택하여 사용할 수 있게 된다.

유형 1 수행평가

먼저 평가 유형인 지필평가와 수행평가를 살펴보자. 수행평가에 대한 정의는 비교적 지역을 불문하고 공통적인 개념을 갖추고 있다. 수행평가의 개념을 정의하기 위해 학교생활기록부 기재요령과 교육과정 총론 해설서에 제시된 수행평가의 개념에서 수행평가가 갖추어야 할 다음과 같은 공통점을 도출할 수 있다.

[수행평가가 갖추어야 할 조건]

1. 실제적 맥락이 있는 수행 과제 (Performance)
2. 과정 + 결과
3. 직접 관찰
4. 인지 + 행동 + 정의
5. 고등사고능력의 측정 (단순기억 X)

수행평가 문항이 위의 조건을 항상 모두 만족해야 하는 것은 아니다. 교과의 특성과 성취기준에 따라 서로 다른 조건을 요구한다. 하지만 위의 조건은 수행평가인지 지필평가인지 구분하는 유용한 기준이 되어준다. 위 조건 중 실제적 맥락이 있는 수행 과제와 실제 수행을 통한 과정을 평가하는 것이 수행평가의 핵심이라 하겠다.

유형 2 지필평가

한편, 수행평가와 달리 지필평가에 대해서는 다양한 개념이 공존한다.

[지필평가에 대한 서로 다른 개념들]

- 지필평가 (紙筆評價): 한자의 뜻풀이처럼 종이를 사용한 모든 평가, 시험지에 질문을 제시하고 평가하는 모든 형태 (반대로 수행평가는 종이를 사용하지 않는 평가로 생각하기도 함)
- 지필평가 (知筆評價): 아는 것, 즉 인지적 영역을 중심으로 하는 평가
- 지필평가: 중간, 기말고사처럼 100점 만점으로 하는 총괄평가 형태의 시험 (교육부 훈령 280호 별표9) 모든 출제 문항에는 문항별 배점을 표시하고, 가급적 100점 만점으로 출제하며… (중략) 평가 문제는 전 과정에서 보안이 유지되도록 철저히 관리하고 고사 감독을 엄정하게 하여… (중략)

교육부 훈령에 나타난 지필평가와 지역교육청에서 생각하는 지필평가의 개념이 달라 현장에서 용어의 혼란이 발생하는 것을 종종 목격한다. 인지적 영역을 중심으로 하는 수업 중 이루어지는 과정 중심의 서술형 평가인 경우, 교육부의 관점에서는 지필평가가 될 수 없지만, 지역교육청에서는 지필평가로 보고 있다. 즉, 두 번째 개념으로 지필평가를 바라보고 있기 때문이다.

일부 학교와 교육청은 지필평가를 두 번째 개념, 즉 아는 것, 인지적 영역을 중심으로 평가하는 것으로 여기고 있다. 나 역시 이 책에서도 지필평가는 인지적 영역을 중심으로 평가하는 것으로 간주하겠다.

지필평가와 수행평가의 방법을 살펴보면 보다 평가 유형 구분이 쉬워진다. 특정 평가 방법이 평가 유형을 확정하기 때문이다. 단합형이나 서술형 평가 방법은 지필평가에 활용되고 실기평가 방법은 수행평가에서 활용되기 때문이다.

2. 평가 유형에 따른 평가 방법 이해하기

지금부터는 평가 유형(지필평가, 수행평가)에 따른 평가 방법을 구체적으로 살펴보자.

[평가 유형과 방법]

평가 유형	지필평가		수행평가
평가 방법	**선택형**	**서답형**	관찰 / 연구보고서(프로젝트) / 토의토론 / 실험실습 / 실기형·구술형 / 포트폴리오 / 서·논술형 / 자기평가·동료평가
	진위형	단답형	
	연결형	완성형	
	선다형	서·논술형	

지필 진위형

> 어떤 진술 문장을 제시하고 거기에 대해서 진(眞)이냐 위(僞)냐, 또는 맞느냐 틀리느냐를 가려내게 하는 검사형식

· 문제에 주요 내용이 포함됨
· 단일 진술문에 단일 내용만 포함
· 가급적 간단명료한 단문으로 작성
· 정보에 의한 복합적 해석을 위해 상황·그림·표 등의 자료에 의한 문항 작성 가능
· 부정 문장은 지양

장점 : 문항 제작 용이, 채점의 객관성이 높음, 단위 시간 내 다수의 학습목표 측정

단점 : 높은 추측도, 단순사고능력 측정, 낮은 변별도, 학습동기 감소

예시 1

1. 다음 문장을 읽고 맞으면 ○표, 틀리면 X표 하시오.
   가. 인구 피라미드를 보면 인구의 성별, 연령별 구성을 알 수 있다. (   )
   나. 시대별 포스터를 보면 정부의 인구정책을 알 수 있다. (   )

예시 2

※ 조건: 인구분포 그래프를 참고자료로 제시한다.

1. 인구분포 그래프를 통해
   가. 지역별 인구 밀도를 알 수 있다. (   )
   나. 인구 밀도가 300 이상인 곳은 모두 5곳이다. (   )
   다. 우리나라는 인구가 고루 분포되어 있다. (   )

지필 연결형

일련의 전제와 답지, 그리고 전제와 답지를 배합시키는 지시문의 세 가지 요소로 구성(=배합형)

- 가급적 간략하게
- 전제 및 대응 목록은 모두 균질
- 대응 요소의 수를 전제 요소의 수보다 많게
- 대응 요소는 논리적 순서로 배열(연대순, 가나다순 등)

장점 : 실시 시간이 단축되고 많은 학습목표를 다룸, 채점의 객관도와 신뢰도를 높임

단점 : 동질적인 전제와 답지 제작의 어려움, 추측 가능성을 배재할 수 없음

사례 1

지구의 반지름을 1로 보았을 때, 각 행성의 반지름 크기를 연결하시오.

지구	·	·	109
태양	·	·	1
금성	·	·	0.9
목성	·	·	11.2

사례 2

온도 차이에 따른 효모액의 발효 실험에서 같게 해야 할 조건과 다르게 해야 할 조건을 분류하시오. (같게 할 조건: A, 다르게 할 조건: B)

설탕의 양	( )	물을 담는 비커의 크기	( )
물의 온도	( )	측정시간	( )
효모액	( )	밀가루의 양	( )

지필 선다형

문두, 답지 또는 선택지로 구성되어 있고 답을 고르는 형식

- 대규모 검사에서 많이 쓰임
- 최선답형·정답형·다답형·합답형 등의 유형이 있음
- 쉬운 용어로 간결하고 분명하게 제시
- 부정 문장은 가능한 사용하지 않음
- 긴 문장의 사용을 피함
- 평가 목표와 문항 내용의 일치
- 평가가 배움의 일환임을 인식하고 문항 제작
- 문항 내용에서 정답에 대한 단서를 주지 말아야 함
- 정답은 분명하고 오답은 그럴듯하게
- 쉬운 문항에서 어려운 문항 순서로

장점 : 다양하게 변형 가능, 난이도 변화 쉬움, 인지적인 도전 과제 제시 용이, 채점의 용이함, 오개념 파악 용이, 활용도가 높음

단점 : 창의적·생산적 종합 능력 측정이 어려움, 학생 이해상태에 대한 과장된 판단 가능성, 추측 요인 존재, 좋은 오답을 만드는 것이 어려움

사례

1. 다음 중 가장 정답에 가장 가까운 것을 고르시오. 최선답형

2. 다음 문제의 정답을 고르시오. 정답형

3. 물의 온도가 높아지면, 용질의 녹는 양이 ( ). 불완전 문장형

   ① 많아진다. ② 적어진다. ③ 변화가 없다.

4. 다음 중 옳은 것을 고르시오. 합답형

   ㄱ. 물의 온도가 높아지면 용질의 녹는 양이 많아진다.
   ㄴ. 물의 온도가 낮아지면 용질의 녹는 양이 적어진다.
   ㄷ. 물에 대한 물질의 요해도는 온다와 관련이 있다.
   ㄹ. 염화암모늄은 찬물에서 잘 녹는 특징이 있다.

   ① ㄱ, ㄴ, ㄷ ② ㄴ, ㄷ, ㄹ ③ ㄱ, ㄷ, ㄹ

지필 **단답형·완성형**

단답형 : 간단한 단어, 문장, 숫자, 그림 등 제한된 형태로 대답하게 하는 유형

완성형 : 진술문의 일부를 비워 놓고 단어, 어구, 숫자, 기호를 써 넣게 하는 문항 유형

- 질문은 명료하게, 답은 간단하게
- 정답이 수로 작성될 때는 단위 표시하기
- 한 질문에 여러 개의 정답을 요구할 때는 답안 수 한정
- 교과서의 문장을 그대로 사용하는 것 지양
- 괄호나 여백은 중요한 내용을 묻는 것이어야 함
- 답란의 여백을 적절히 제시
- 여백 뒤의 조사가 정답을 암시하지 않도록 제시

장점 : 선택형 문항에 비해 추측요인을 줄일 수 있음, 배합형이나 선다형에 비해 문항작성이 쉬움

단점 : 채점이 선택형보다 어려움, 고등사고능력보다 단순 정보지식을 측정하는 경향이 있음

사례

1. 유미네 모둠은 가로 $2\frac{1}{2}$m, 세로 $1\frac{2}{3}$m 인 직사각형 모양 종이에 그림을 그렸습니다. 이 종이의 넓이를 쓰시오.

2. (대분수) × (대분수)의 계산 방법은 (___) × (___)의 형태로 바꾸어 계산할 수 있다.

3. 다음 표의 빈 칸을 채우시오.

×	$1\frac{1}{3}$	$2\frac{1}{2}$	$1\frac{3}{4}$
5	(가)		
7		(나)	
9			(다)

지필 **서·논술형**

정답을 고르는 것이 아니라 학생이 정답을 만들어 쓰는 것으로 학생의 반응 자유도가 높으며 비교적 긴 답을 요구함, 학생의 주관적인 해석과 의견이 답안에 반영되고 교사가 정확성과 질을 주관적으로 판단

장점 : 자유로운 반응 가능, 고등정신능력의 측정에 효과적, 개념과 원리를 해석하여 자신의 언어로 표현하는 과정에서 비판적, 논리적, 종합적 사고 등을 활용하여 고차적 사고력 신장 가능

단점 : 채점의 객관도가 낮음, 채점기준표 개발이 어려움, 채점에 시간이 많이 필요함

[문항 유형*]

반응의 허용 정도에 따라	**응답 자유형**	응답 내용, 분량 등의 제한이 없음, 오직 학생 개개인의 능력과 시험 시간에만 영향을 받음
	응답 제한형	학생의 반응 정도를 제한, 반응 내용과 형식을 구체적으로 지시 (분량 제한, 내용 범위 제한, 서술양식 제한)
자료 제시 여부에 따라	**단독 과제형**	자료나 정보를 제공하지 않고 특정 문항에 응답하게 함. 응답 자유형과 관련성이 높음
	자료 제시형	문항 속에 학생이 읽을 자료를 제시해 주고, 그것을 바탕으로 응답하게 하는 형태. 응답 제한형과 관련이 높음

관찰법

관찰을 통해 일련의 정보를 수집하고 측정하는 보편적인 방법

· 특히 나이가 어리거나(초등 저학년) 지적 능력이 낮은 학생들을 대상으로는 특정한 평가 상황을 의도적으로 마련하는 데 제한이 있으므로 인위적이지

* 서·논술형 평가의 자세한 내용은 91쪽에서 상세히 다룬다.

않은 자연스러운 상황에서 관찰법을 자주 사용하게 됨
- 기타 다른 수행평가 방법과 복합적으로 활용되는 경우가 많음
- 구체적인 행동 사례를 기록
- 간단명료하게 구체적으로
- 객관적 사실과 학생의 말과 행동을 구분하여 기록
- 사용한 말 그대로 인용
- 일화기록법, 체크리스트, 평정척도 등의 유형

장점 : 비언어적 행동에 대한 자료 수집 유용, 생생한 많은 정보 수집, 어떠한 대상에게도 적용 용이

단점 : 관찰자의 주관·선입견·행동이 일어날 때까지 기다려야 함

유형 1 - 일화기록법

김**	학습 주도성 및 탐구 내용	참여 태도
프로젝트 계획	체계적으로 계획됨… (중략)	계획 수립에 적극적으로 참여함
프로젝트 수행	계획을 수정 보완하며 주어진… (중략)	(생략)
프로젝트 발표	(생략)	(생략)

유형 2 - 체크리스트법

영역	관찰 내용	김**	이**	최**	박**
실험 전	과학실 안전 수칙을 읽고 주의를 기울이는가?	◎	○	△	△
	실험 도구 준비과정에 참여하는가?	○	◎	○	◎
	안전 실험 용구를 착용하는가?	◎	◎	○	△
실험 중	실험에 적합한 가설을 설정하는가?	○	○	○	◎
	실험을 타당하게 설계할 수 있는가?	○	○	◎	◎
실험 후	실험 결과를 바르게 도출하여 정리하는가?	◎	○	△	◎
	실험 도구를 정리하는데 참여하는가?	○	○	△	◎

토의 토론법

특정 주제에 대해 학생들이 토의·토론하는 과정을 보고 평가하는 방법 (찬반토론, PMI토론, 신호등 토론, 패널 토론 등)

- 사전 준비한 자료의 충실성
- 토론 내용의 논리성
- 토론 절차와 태도, 진행방법 등을 평가
- 리더십을 발휘하여 토론을 주도하는 학생
- 주장과 근거가 분명한 학생
- 상대방의 의견을 경청하며 바르게 참여하는 학생

장점 : 다양한 이해와 정보를 종합적으로 획득할 수 있음, 의사소통역량·지식정보처리역량 등 생각을 표현하는 장면에서 역량 함양

단점 : 학생 수가 많을 경우 충분히 발언할 수 있는 기회가 적음, 토론 주제에 대한 준비 정도에 따라 수업 참여도와 편차가 심함

예시

· 이름 : · 토론 주제 :

나의 주장	
근거 자료	

· 주장 펼치기(1차 토의) : 우리 측 근거와 근거 자료 정리, 대표 발언자 선정

· 1차 토론 : 상대측 주장과 근거, 근거 자료를 듣고 정리하기

이름	주장과 근거, 근거 자료

근거와 근거 자료에 대한 반론	

· 2차 토론 : 상대 측 반론에 대한 답변 · 주장 다지기 : 최종 발언 및 강조

· 자기평가

토론에 적극적으로 참여하였는가?	1 2 3 4 5
토론의 규칙을 알고 참여했는가?	1 2 3 4 5
나의 주장에 알맞게 근거와 근거자료를 들어 말할 수 있는가?	1 2 3 4 5
상대 측의 근거와 근거자료가 적절한지 평가할 수 있는가?	1 2 3 4 5
상대방의 주장과 근거를 듣고 적절히 반론할 수 있는가?	1 2 3 4 5

실기법

자연스러운 상황(수업)에서 수행능력을 관찰하여 평가하는 방법

- 수행평가를 위한 실기시험에서는 수업과 평가를 분리시키지 않고 자연스러운 상황에서 관찰하고 피드백하는 과정에서 평가
- 주로 음악·미술·체육·실과·읽기·듣기·말하기·쓰기에서도 두루 활용됨

장점 : 수업·평가·피드백을 자연스럽게 통합할 수 있음, 지식을 실제적인 상황에 적용하기 용이한 평가 방법

단점 : 비교적 시간이 오래 걸림, 채점기준에 대한 체계적·합리적 기준 마련이 어려움

예시

〈체육 – 뜀틀〉

1. 지난 시간에 배운 내용을 떠올리며, 뜀틀에서 주의해야 할 내용을 짝과 이야기해 봅시다.

2. 구분 동작을 연습해 봅시다.

(1) 도움닫기 (2) 발 구르기 (3) 손 짚기 (4) 착지

3. 뜀틀을 3번 이상 연속 동작으로 연습해 봅시다.

4. 자신감을 갖고 뜀틀을 넘어 봅시다.

5. 뜀틀을 넘는 과정을 글로 정리해봅시다.

〈음악 - 노래 부르기 〉

* 제재곡 ○○를 악보를 보며 함께 연습해 봅시다.

* 악곡의 특성을 알려 ○○를 불러 봅시다.

〈미술 - 즐거웠던 기억을 표현하기 〉

* 봄 현장학습을 떠올리며, 즐거웠던 장면을 그림으로 표현해봅시다.

〈실과 - 리폼하기 〉

* 지난 시간에 배운 홈질과 시침질을 이용하여, 에코백을 리폼해 봅시다.

수행 **실험실습법**

주로 과학교과에서 사용되며, 특정 과제에 대해 학생들이 직접 실험과 실습을 하게 한 후 결과보고서를 제출하게 하는 평가 방법

· 학생들의 실험과 실습 과정을 직접 관찰하고 아울러 보고서도 함께 평가

· 실험기구의 조작 능력, 지식 적용 능력, 문제해결과정을 종합 평가. 평가 준거로 계획 및 고안, 조작기능 및 실험수행, 관찰 및 기록, 자료 해석이 있음

장점 : 실제적인 실험 상황에서 평가 가능, 실험 설계·가설검증·결론 도출 등 고등사고능력 측정에 용이

단점 : 안전사고의 위험이 있음, 평가 문항을 구조화하는 데 어려움, 실험 과정을 평가하는 데 어려움

예시

〈 실험 과제: 온도가 다른 두 물질이 접촉할 때 나타나는 온도 변화 측정하기 〉

1. 1분마다 음료수 캔과 비커에 담긴 물의 온도를 측정해 써 봅시다. (표를 만들어 측정값 기록하기)

온도(℃) \ 시간(분)	0	1	2	3	4	5
음료수 캔에 담긴 물						
비커에 담긴 물						

2. 온도가 다른 두 물질이 접촉할 때 두 물줄의 온도는 어떻게 변하는지 써 봅시다.

3. 우리 주변에서 온도가 다른 두 물질이 접촉할 때 두 물질의 온도가 변하는 두 가지 예를 찾아 써 봅시다. 이때 열은 어디에서 어디로 이동할까요? (실험관찰을 활용한 평가 문항)

(1) (2)

면접법

평가자와 학생이 대면하여 서로 대화를 통해 얻고자 하는 자료나 정보 수집

- 구술 시험이 주로 인지적인 영역을 중심으로 한 성취도를 평가한다고 한다면 면접은 주로 정의적인 영역에 초점을 둔 평가 방법
- 1:1, 다수:1, 1:다수, 다수:다수 등 다양한 형태로 가능

장점 : 심도깊은 정보를 얻을 수 있음, 예상하지 못한 정보를 얻기도 함, 실천의 내용과 질을 깊이 있게 파악하고 이해할 수 있음

단점 : 면접자의 주관이 반영될 소지가 큼, 응답자의 심리상태에 따라 응답에 부정적인 영향을 줄 수 있음, 시간과 노력이 비교적 많이 듦

예시

1. 한 달 동안 가정에서 ~~ 실천하고 스스로 자기 평가를 해 봅시다. (셀프 체크리스트)
2. 다음 질문에 대한 자신의 생각을 정리해봅시다.
3. 짝과 함께 나와 선생님과 미리 생각한 내용으로 대화해봅시다.
   (1) 구체적인 사례 두 가지를 이야기하기
   (2) 느꼈던 기쁨과 보람에 대해 이야기하기
   (3) 앞으로 나의 구체적인 다짐 말하기

수행 연구보고서법

여러 연구 주제 중 학생의 능력이나 흥미에 적합한 주제를 선택하여 자료를 수집, 분석, 종합하여 연구보고서를 작성 제출하도록 하여 평가

장점 : 작성 과정에서 연구 방법·정보수집·자료 정리·문제해결·종합 및 분석·보고서 작성법 등을 종합적으로 익힐 수 있음, 발표 과정에서 공유할 수 있는 기회 제공

단점 : 평가 난이도가 비교적 높음, 보고서 작성에 필요한 기초 능력 준비도에 따라 완성도에 영향을 줌, 보고서 완성까지 지속적인 노력이 필요하여 낙오되는 학생 관리 필요

예시

1. 조선 시대와 관련하여 아래 주제 중 조사하고 싶은 주제를 정해 봅시다.

   사회생활 경제활동 국난극복 조선의 문화 왕의 업적 기타

2. 세부 주제를 결정해 봅시다.
3. 조사 계획을 수립해 봅시다. (5. 0. ~ 5. 0. 2주간)
   - 조사 2시간, 보고서 작성 2시간, 발표 준비1시간 : 총 5시간 계획 수립

4. 조사 계획에 따라 실천하고, 연구보고서를 작성해 봅시다.

- 공책, 도화지, PPT, 만화 등 다양한 형태의 연구 보고서 작성 가능

5. 친구들의 발표를 듣고 새롭게 알게 된 점을 써 봅시다.

발표자	친구의 발표를 듣고 새롭게 알게 된 점

수행 **포트폴리오**

자신이 쓰거나 만든 작품을 지속적이면서도 체계적으로 모아 둔 개인별 작품집을 이용한 평가 방법

- 자기 자신의 성장과 변화 과정을 고스란히 담아내며 그림·시·글짓기·활동지·과제물·실험실습 보고서 등을 정리한 자료집을 이용하여 평가

장점 : 자신의 변화 과정과 성장 정도를 스스로 확인할 수 있음, 단편적인 방법으로 일회적으로 평가하지 않고 개개인의 성장을 종합적으로 평가할 수 있음

단점 : 수집과 정리에 시간이 많이 소요됨, 내용 타당성 및 평가 결과에 대한 타당도와 신뢰도를 확보하기 어려움

예시

〈실과 - 동물이나 식물을 기르고 관찰 일지 쓰기 〉

1. (　　　)을 기를 때 필요한 것과 주의할 점을 조사해 써 봅시다.

필요한 것	주의할 점

2. (   )을 기르면서 무엇을 어떤 방법으로 관찰할 것인지 써 봅시다.

관찰 기간	
관찰할 내용	
관찰 방법	
기록 방법	

3. (   )을 기르며 관찰일지를 써 봅시다.

관찰 날짜	
생김새	
움직임	
특별한 점	

수행 자기평가, 동료평가

학습 과정이나 결과에 대해 자기 스스로 평가하거나 동료가 평가하는 방법

- 특정 과제에 대한 평가 결과를 스스로 또는 동료가 자세히 평가하여 보고서를 작성
- 준비도·만족도·학습과정·결과 등을 되돌아보고 스스로 반성할 수 있는 기회 제공
- 평가 주체의 다양화, 반성적 성찰의 기회를 통한 성장 가능

장점 : 스스로 강·약점 파악 가능, 메타인지능력 향상, 내적 동기 강화

단점 : 객관성과 공정성에 대한 우려, 형식적으로 평가에 임할 가능성

예시

〈 자기평가 〉

학교와 교실에서 한 주 동안 안전한 생활을 스스로 반성해봅시다.

실천한 내용	스스로 확인해요
쉬는 시간에 친구들과 장난치며 뛰어다닌 적이 있나요?	
사용하지 않은 물건들은 잘 정리해 두었나요?	
청소 시간에 청소 도구로 장난한 적이 있나요?	
복도에서 뛰어 다닌 적이 있나요?	
칼이나 가위 등 위험한 물건으로 장난한 적이 있나요?	

◎: 아주 잘 지켰어요　○: 조금 지켰어요　△: 더 노력이 필요해요

· 한 주간 동안 실천하며 느낀 점과 더 노력해야 할 점을 써 봅시다.

〈동료평가〉

· 우리 반 날씨에 어울리는 봄맞이 패션쇼를 준비해 봅시다.

· 다른 모둠 친구들의 패션쇼를 감상하고 평가해 봅시다.

모둠	표현한 날씨	평가하기
1모둠		잘 표현한 점: 조금 아쉬운 점:
2모둠		잘 표현한 점: 조금 아쉬운 점:

수행평가 방법의 특성은 기법과 절차에 의해 규정되는 것이 아니다. 평가의 목적이 학습의 과정을 개선하고 개별 학생에게 지도 조언하기 위한 목적으로 활용된다면 어떠한 평가 방법도 수행평가 방법에 포함시킬 수 있다.

특히 수행평가에서는 교수학습활동과 평가 활동이 상호 통합적으로 진행하는 것을 강조하기 때문에 교수 학습 방법이 곧 수행평가를 위한 방법이 될 수 있다. 예컨대 도덕과나 국어과에서 자주 활용되는 역할놀

이, 현장조사, NIE, 만들기, 전시회, 발표회 등은 그 자체가 중요한 수업 방법이 됨과 동시에 수행평가를 위한 방법이 될 수 있다.(백순근, 1996) 이는 학습을 위한 평가, 학습 과정에서의 평가를 의미하는, 배움과 성장을 돕는 과정 중심 평가와 일맥상통한 것이다.

또한 평가 방법은 상호보완적인 성격이라, 하나의 성취기준(단원)을 평가하는데 다양한 평가 방법이 사용된다. 그리고 단일 평가 장면에서도 서로 다른 평가 방법이 보완적으로 적용되는 경우가 많다. 예컨대 토의토론 평가에서 토론 주장과 근거를 간단하게 메모하고(서술형 평가), 모둠에서 토의한 후(토의토론평가), 토론 과정과 결과를 스스로 되돌아보며(자기 평가), 이 과정에서 참여 정도를 교사가 관찰하여 평정(관찰법)하는 경우이다. 과정 중심 평가의 중심에는 토의토론이 자리 잡고 있지만, 완성도를 높이는 다양한 평가 방법들이 함께 활용될 경우, 아이들의 배움의 질을 높일 수 있다. 따라서 서로 다른 다양한 평가 유형과 방법들을 유연하게 적용할 수 있는 안목이 필요하다.

함께 생각해봐요

★ 내 수업에 맞게 평가 방법을 자유롭게 선정할 수 있도록, 평가 방법과 특징을 마인드맵으로 정리해 봅시다.

3부

교사별 과정 중심 평가 한 걸음 더

10

서술형·논술평 평가

1. 서·논술평 평가 의미 이해하기

서·논술평 평가는 응답자가 직접 답이라고 생각하는 지식이나 의견을 구성하여 작성하도록 하는 형태로 한 문장에서부터 여러 문장이나 여러 페이지의 글로 자신의 답을 만들어 쓰는 문항을 의미한다.

서·논술형 평가는 서술평 평가와 논술평 평가를 구분하여 사용하기도 하며, 최근 서·논술형 평가로 이 둘을 하나로 연결하여 사용하는 경우도 많다. 하지만 사실 서술형 평가와 논술평 평가는 구분되는 개념이다. 답안 기술방식이 다르며 요구하는 역량도 상이하다. 2015 개정 교육과정 총론 해설서에는 다음과 같이 제시되어 있다.

> 서술형 평가는 내용을 요약하거나 개념을 설명하거나 풀이과정을 제시하는 등 학습한 내용을 기술하는 형식이라고 볼 수 있다. 서술형은 주로 사실의 나

열, 요약, 설명 등으로 답안을 작성하게 되며 어느 정도 객관적인 정답(모범답안)이 존재한다. 논술형은 생각과 주장을 창의적·논리적으로 설득력 있게 조직하여 작성하는 형태이다. 논술형 평가 채점 시 교사(채점자)는 주관적 판단에만 의존하지 않도록 평가 요소와 채점기준을 명확히 하고, 객관성 및 신뢰성을 확보할 수 있도록 해야 한다.*

추가하자면, 서술형 문항의 정의는 일반적으로 개념 및 이해를 확인하기 위해 한 단락 이내의 짧은 요약을 하는 형태의 문항 유형을 의미하고, 논술형 문항은 생각이나 주장을 논리적으로 설득력 있게 기술하는 방식으로, 서술형 보다는 글의 길이가 길고 서론, 본론, 결론이 있는 완결된 한 편의 글을 요구하는 문항이다. 물론, 초등학교 현장의 상황을 고려할 때, 서론-본론-결론의 구성을 제대로 갖춘 문항만을 논술형으로 규정하기 어렵기 때문에, 초등에서는 일반적으로 한 문단 이상의 개인 주장이나 의견을 제시하는 문항을 논술형 문항으로 정의한다. 채점의 신뢰성 측면에서는 어느 정도 정해진 정답이 존재하는 서술형이 논술형보다 높기 때문에 신뢰성이 강조되는 상황에서는 서술형이 더 많이 쓰인다. 이에 반해 논술형은 채점의 신뢰성이 다소 떨어지더라도 학생의 다양한 생각과 표현을 확인하고자 하는 경우에 쓰인다(Keris, 2016). 또한 이러한 관점에서 서술평 평가는 지필평가에, 논술형 평가는 수행평가에 보다 가깝다.

현장에서 자주 볼 수 있는 오류는 수행평가 방법으로 서·논술형 평가 방법을 선택했지만, 문항 내용은 실제적 수행 맥락과 괴리된, 어느 정도 정답이 정해진, 지식 중심의 서술형 평가를 수행평가 방법으로 활

* 2015 개정교육과정 총론 해설 102쪽

용하고 있다는 점이다. 이는 실제적인 문제 상황에서 학생의 실제 수행 과정을 관찰해야하는 수행평가의 본질과 상충된다. 서술평 평가와 논술평 평가의 구분이 어려워 서·논술평 평가로 활용되기도 하지만, 이 두 가지를 구분하여 평가 장면에서 사용할 수 있는 안목이 필요하다.

[서·논술형 평가 유형]

반응의 허용 정도에 따라		자료 제시 여부에 따라	
응답 자유형	응답 제한형	단독 과제형	자료 제시형

유형 구분 기준 1 **응답의 자유를 얼마나 허용할 것인가?**

☑ **응답 제한형** : 학생이 답안을 작성할 때 응답의 자유가 제한됨

분량 제한 : 답안을 15줄 이내로 써 보세요. 200자 이내로 쓰세요.

내용 범위 제한 : 오늘 토론 내용을 찬성의 관점에서 정리해 보세요. 조전 전기의 문화적 특징을 써 보세요. 주어진 단어를 사용하여 쓰세요.

서술 방식 제안 : 글 내용에 알맞게 그래프로 나타내시오, 그림 일기 형태로 써 보세요. 장면에 알맞은 대화를 쓰세요.

보통 이러한 제한은 두 가지 이상의 방법이 결합되어 사용된다.

오늘 토론 내용을 찬성의 관점에서 15줄 이내로 써 보시오.
내용 범위 제한 / 분량 제한

☑ **응답 자유형** : 응답의 내용 범위와 서술양식에 아무런 제한이 없고, 또한 답안의 길이 제한도 명시되어 있지 않은 문항 유형으로서, 답안의 최대 길이가 학생 수준과 시험시간에 의해 간접적으로 제한받음.

교내 휴대폰 사용에 대해 주장하는 글을 쓰려고 합니다. 타당한 근거를 들어 주장하는 글을 쓰세요.

유형 구분 기준 2 **답안 작성에 필요한 자료를 제공하는가?**

☑ **단독 과제형 :** 자료나 정보를 제시하지 않고 어떤 특정 내용에 대해 응답하도록 하는 문항

예시

'우리 마을 쓰레기를 줄이기 위해 모든 학생들이 노력해야 한다'는 내용으로 우리 학교 학생들에게 제안하는 글을 쓰려고 합니다. 쓰레기 배출량을 줄이기 위한 적절한 해결 방안을 들어서 건의하는 글을 조건에 따라 작성하시오.

[조건]

1. 글을 첫 문단에 주장을 한 문장으로 쓸 것
2. 주장과 관련하여 초등학생이 실천할 수 있는 해결 방안 두 가지를 함께 제시할 것

☑ **자료 제시형 :** 문항 속에 학생들이 읽을 자료를 제시해 주고, 그것을 바탕으로 해서 응답하도록 하는 문항 형태

예시

▶ 다음은 지구 온난화로 인해 우리나라 생태계에 일어나고 있는 변화입니다.

- 사과로 유명했던 대구에서 이제 사과 재배지를 찾기 어려워졌으며, 재배지는 경기도 포천까지 북상하였다.
- 제주에서만 재배되던 한라봉은 고흥, 거제 등 육지에서도 재배되고 있다.
- 열대지방에서만 잡히던 참치가 남해에서 잡히고 있다.

▶ 위 내용을 참고하여, 지구 온난화로 인해 인류가 겪게 될 문제는 무엇인지 써 봅시다.

▶ 위와 같은 지구 온난화 현상으로부터 생태계를 보전하기 위한 방법을 모둠원끼리 의논하여 3가지 이상 쓰고 발표해 봅시다.

모둠원 이름	
생태계 보전 방안	1.
	2.
	3.

[동일한 주제로 비교해보는 서술형 문항 VS 논술형 문항]

	서술형 문항	논술형 문항
사회	· 다음 그림을 보고, 조선 전기 사회 특징을 찾아 3가지 이상 써 봅시다.	· 조선 전기 머슴이 되어, 당시의 사회적, 문화적, 시대적 특징이 드러나는 일기를 써 봅시다.
	· 다음 단어를 활용하여, 삼국 통일의 과정을 글로 써 봅시다.	· 만약, 삼국 통일 과정에서 고구려가 통일을 이뤄냈다면, 어떤 변화가 있었을지 상상하여 써 봅시다.
국어	· 다음 글을 읽고, 6하 원칙에 맞게 내용을 정리해 봅시다.	· 6하 원칙에 맞게 ○○ 인터뷰 기사를 써 봅시다.
	· 다음 글을 읽고, 글에 나타난 주장과 근거를 찾아 정리해 봅시다.	· ○○를 제안하는 글을 주장과 근거가 잘 드러나게 써 봅시다.

11
과정의 의미를 살린 평가

과정 중심 평가는 과거의 평가가 암기된 결과로써의 지식을 100점 만점의 점수로 환산하여 객관식 문항을 활용하여 측정하였다는 비판에서 시작된다. 암기된 지식을 선다형 문항에서 선택하는 객관식 위주의 평가는 앞으로 다가올 미래 사회의 인재를 길러내기에 적합하지 않을 뿐 아니라, 이러한 평가 방식이 공교육과 학생의 수동적인 암기 위주의 수업 방식을 결정하는 부작용을 가져다 주었기에 반드시 개선이 필요했다. 과정 중심 평가라고 해서 과정만을 평가한다는 의미는 아니다. 과거 결과 위주의 평가로 쏠려 있는 균형을 바로 잡고 과정과 결과를 고루 평가하겠다는 의지가 담겨있는 표현이라 볼 수 있다.

학습 결과에 대한 평가 → 학습을 위한 평가
학습으로서의 평가
과정과 결과에 대한 평가

결과중심의 평가에서 벗어나기 위한 대안으로 제시된 과정 중심 평가에서 '과정'은 중의적인 의미를 지닌다.

[과정 중심 평가에서 '과정'의 다양한 의미]

구분	1	2	3	4
과정의 의미	배움의 과정	프로젝트 수업 과정	성취기준 도달 과정	단위 수업 과정
기간	한학기또는한해	여러 단원	한 단원	한 차시

수업에서 위에 제시된 모든 의미를 다 구현해야 한다는 뜻은 아니다. 다만 한 차시 수업에도 과정을 살려낸 수업과 평가를 할 수 있으며, 마찬가지로 한 단원, 또는 다양한 단원을 아우르는 프로젝트 수업에서도, 또한 보다 넓게 보았을 때 한 학기 또는 한 해의 과정을 우리는 평가할 수도 있다는 의미다. 어떠한 과정에 강조를 둘 것인가 하는 것은 수업 상황에 따라 다르고 교사의 의도와 목표에 따라 달라지게 된다.

중요한 것은 교사 교육과정의 범위에서 과정 중심 평가는 위 4가지 과정의 의미를 모두 아우를 수 있다는 점이다. 특히 교사 교육과정이라는 보다 긴 호흡과 종합적인 안목으로 보았을 때, 교사가 진정으로 평가해야할 과정은 아이들의 한 학기 또는 일년 동안 배움의 과정이며, 앎과 삶의 과정이다. 교사가 세운 교사 교육과정의 목표 도달 과정을 수업, 창체, 일상생활, 관계 등 종합적이며 입체적으로 긴 호흡과 안목을 활용하여 평가할 수 있는 것이다.

각 과정의 의미에 따라 어떻게 과정 중심 평가가 이루어질 수 있는지 간단히 살펴보자.

1. 배움의 과정(한 학기 또는 한 해)에서 과정 중심 평가

교사 교육과정의 목표

자신의 의견을 적극 표현하며 의사소통능력을 기른다.

[교사 교육과정 목표에 따른 평가 과정]

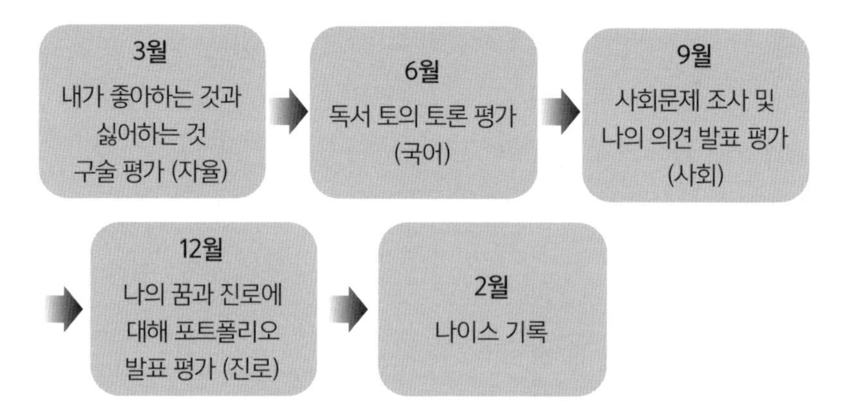

- 교사 교육과정의 목표를 염두에 두고, 한 해 동안 교과와 창체의 성취기준을 고려하여 다양한 내용과 방법으로 목표 도달 과정을 평가할 수 있다.
- 이렇게 평가한 과정은 학교생활기록부에 성장과 발달을 중심으로 기록된다.
- 형식적인 평가와 비형식적인 평가를 적절히 활용한다. 형식적인 평가는 사전 평가 계획을 결재 받고 결과가 나이스 교과 평가에 기록되는 형태를 뜻하며, 비형식적인 평가는 형성평가 등 교사의 재량에 의해 자유롭게 실시되는 평가를 의미한다.

2. 프로젝트의 과정에서 과정 중심 평가

☑ 프로젝트명 : 우리 고장 답사기 (30차시)

[중심 활동]

국어	우리 고장의 문학 작품 감상하기
미술	우리 고장의 미술관 답사하고 표현하기
음악	우리 고장의 음악 감상하기
사회	우리 고장의 자연, 인문환경 탐구하기

[진행 과정]

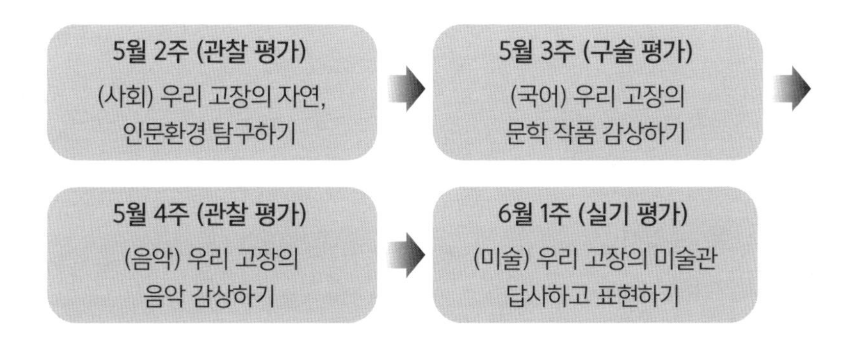

- 프로젝트의 진행 과정에서 성취기준 도달 여부를 확인할 필요가 있거나, 성취기준 도달을 효과적으로 지원할 필요가 있는 수업에서 과정 중심 평가를 계획하고 실천한다.
- 다양한 교과가 통합된 프로젝트 수업의 경우, 해당 교과의 수업이 마무리 될 때쯤 평가하거나 프로젝트의 활동과 의미가 전환되는 지점에서 평가하는 방법도 있다.

3. 성취기준의 도달 과정에서 과정 중심 평가

단원

6학년 2학기 6. 원기둥, 원뿔, 구

성취기준

[6수02-08] 원기둥을 알고, 구성 요소, 성질, 전개도를 이해한다.

[6수02-09] 원뿔과 구를 알고, 구성 요소와 성질을 이해한다.

[진행 과정]

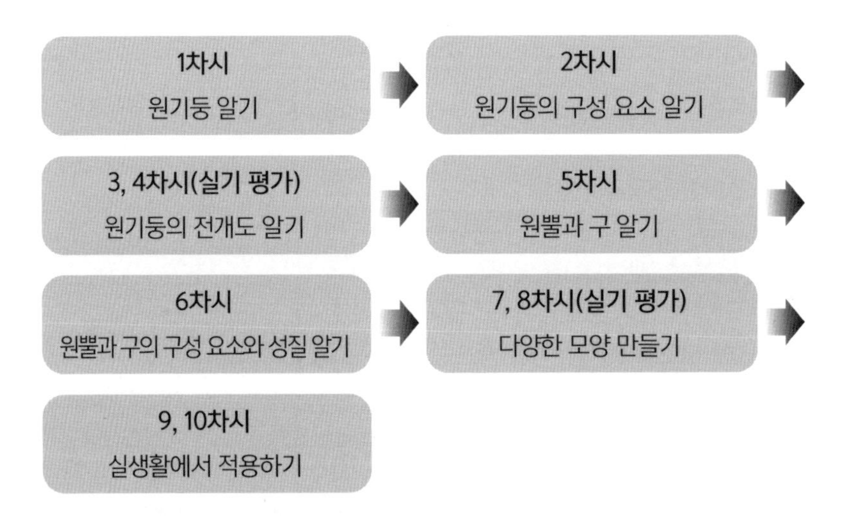

- 성취기준 도달 과정에서 핵심적인 내용이나 아이들이 어려워하는 지점에 과정 중심 평가와 피드백을 실시하여 성취기준 도달율을 높인다.
- 성취기준 도달 과정에서 다음 단계로 넘어가기 전, 반드시 알아야 하는 지점에 과정중심 평가와 피드백 배치한다.

4. 단위 수업 과정에서의 과정 중심 평가

☑ 배움 주제

우리 고장의 중심지 찾기 (1차시)

[진행 과정]

진단평가
동기유발 및 전시학습 상기
학습 주제 및 배움 과정 안내

관찰평가(형성평가)
관광지도와 버스 노선 탐색하기
우리 고장의 중심지 찾기

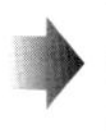

상호평가
서로 공유하며 설명하기

- 단위 수업의 학습 목표 도달을 위해 이전 시간에 배운 중심지의 개념에 대해 발문이나 짝과 설명하기 활동으로 진단평가를 실시한다. 중심지 개념은 본 차시 학습목표 도달에 필수적인 사전 개념이므로, 수업 전 모두가 이해할 수 있도록 준비한다.
- 평가는 꼭 시험지 형태일 필요가 없다. 교사의 발문, 학생이 스스로 하는 평가, 짝이 하는 질문 등 다양한 형태의 효과적인 방법을 활용하여 평가할 수 있다.
- 지도와 버스 노선을 탐색하여 중심지를 찾는 활동은 관찰평가를 통해 즉각적인 피드백을 제공하여 수업 목표에 도달할 수 있도록 지원해야 한다.
- 수업이 끝날 때쯤, 자신이 찾은 중심지의 위치를 짝에게 설명하게 하여 배움의 내용을 강화하며, 서로 내용을 평가하며 들을 수 있도록 안내한다.
- 단위 수업에서 활용되는 수업 과정에서의 평가와 피드백은 학습 목표 도달에 효과적으로 기여한다.
- 단위 수업에서 내실있게 이루어지는 과정 중심 평가와 배움중심 수업으로 인해 성취기준의 도달이 가능하다.

12

문제 상황에서의 평가

좋은 평가문항이 갖추어야 할 조건은 많지만, 특별히 평가가 어떠한 상황과 맥락에서 이루어지는가 하는 것은 아주 중요한 문제다. 원래 지식이란 삶과 경험에서부터 출발하여 교과 내용으로 이어지는 것이다. 지식이 실제로 적용되는 삶과 문제상황으로부터 괴리된 채 평가된다면 지식의 유용성을 확인할 수 없게 되고 단순 기억만을 평가하게 될 가능성이 크다.

평가가 이루어지는 상황과 맥락은 달리 표현하면, 아이들의 삶과 생활 경험에서 부딪치는 문제 상황을 의미한다. 실제적인 상황과 문제를 아이들에게 제공하고 이를 해결해나가는 과정에서 수업과 평가가 이루어지는 것이다.

또한 문제상황은 학습자의 수업 참여와 흥미를 강화한다. 교과 지식을 생생한 체험과 경험으로 만나게 되기 때문이다. 결과로서의 지식을 배우는 과정이 아닌, 지식을 탐구하고, 탐구한 지식을 생활 속에서 적용해나가는 과정에서 배움은 활기를 되찾는다. 따라서 실제적인 맥락과 문제 상황을 갖는 평가 문항의 제작과 적용은 교사별 과정 중심 평가에서 놓치지 말아야 할 중요한 핵심이다.

다음 평가 문항을 살펴보며, 평가 문항에 어떻게 실제적인 맥락과 상황을 부여할 수 있는지 고민해보자.

수학	상황과 조건을 포함하는 문제 풀기 ➔ 현장체험학습과 연계하여 직접 계산하는 상황 만들어주기
사회	우리 고장의 문제점과 해결방안 찾기 ➔ 인터뷰, 설문 등 자료를 수업하고 활용하여 우리 고장의 문제점과 해결방안 찾고 우리 고장의 문제점을 건의하는 글을 써서 시청 홈페이지에 게시하기
국어	시 써보기 ➔ 운동회에 참여한 후, 감정을 담아 시 쓰기
실과	자원의 활용 방법 쓰기 ➔ 헌 옷 리폼하기, 재활용품으로 작품 만들기

13

개인차를 고려한 평가

학생 개개인의 특성을 고려한 맞춤형 수업에 대한 고민은 비교적 일반화 되어 가는 듯하다. 하지만 개인차를 고려한 평가는 현장에서 너무나 생소하다. 오랫동안 평가가 갖는 공정성이란 덫에 갇혀 있기 때문일 것이다. 엄격한 공정성에 기초한 줄 세우기식 평가, 변별과 선발의 가치를 최우선한 평가에서 학습자 개인의 특성은 철저하게 소외되어 온 것이 사실이다. 개인차를 고려한 맞춤형 평가는 평가를 인식하는 근본적인 평가관의 변화라 볼 수 있다. 콜롬버스의 달걀처럼, 언뜻 불가능해 보이지만 사실은 크게 어렵지 않을 수도 있다. 이미 학생 맞춤형 수업을 실천하고 있는 교사들에게는 말이다. 우리 반 아이들의 흥미, 진로, 특성을 고려하여 수업이 설계되는 것처럼 평가도 역시 아이들의 개개인성을 고려하여 이루어지면 된다.

" 모든 이가 다 천재다. 그렇지만 나무를 오르는 능력으로 물고기를 판단한다면 그 물고기는 끝까지 자신은 멍청하다고 생각하며 살아갈 것이다. "

- 아인슈타인 -

서로 다른 학습자를 동일한 평가 내용, 방법, 시기, 횟수로 평가한다면 위 그림과 같은 오류를 범하는 것과 같다. 서로 다른 특성을 지닌 아이들이 같은 내용을 배웠다는 이유로 동일하게 평가받고 있다. 교사 교육과정, 학습자 주도 교육, 역량 중심 교육 등이 강조되는 미래 교육에서 평가는 학습자 개개인의 성취, 흥미, 진로 등을 존중하는 방향으로 확산될 것이다.

그렇다면 학습자의 개인차를 고려한 평가는 어떻게 이루어질 수 있을까? 학습자의 개인차를 고려한다는 것은 크게 두 가지 의미를 지닌다. 하나는 교사가 학생의 개인차를 고려한 평가를 설계하여 적용한다는 의미고, 다른 하나는 학생에게 평가와 관련한 선택권을 부여하겠다는 의미이다. 학생이 평가에 있어 자신의 흥미, 성취 정도, 진로, 특성 등을 선택하기 위해서는 평가를 설계하는 교사의 세심한 배려와 관찰이 필요하며, 유연하고 탄력적인 수업 설계 및 평가 설계가 가능해야 한다.

교사에게 주어진 맞춤형 평가 설계와 관련된 부분은 학생의 평가 선택권이 어떤 내용과 방식으로 주어지는지에 따라 쉽게 이해될 수 있는 부분이므로 평가에서 제공할 수 있는 학생의 선택권에 대해 함께 살펴보자.

[배움과 평가의 선택권 제공을 통한 학습자 개개인성의 존중]

평가 목표 선택	자신의 흥미, 진로 등에 따라 평가 목표 설정	· 구기형 운동 중 택1 · 시, 일기, 독후감 중 택1 · 10문제 중 7문제 이상 맞추기 택1
평가 과제 /내용 선택	자신이 희망하는 평가 내용 선정	· 평가 전 3~4가지 평가 과제에 대한 방향을 제안하고(초안), 학생들이 선택하는 형태의 평가 · 평가 내용의 선택 기회 제공(조선의 사회, 전쟁, 왕, 문화, 위인 등)
평가 방법 선택		· 신문, 역할극, 그림, 음악, PPT 등 · 진로 특기 고려
평가 시기 (기간) 선택	유연한 평가 시기 선택	1주, 한 달, 한 학기 등
평가 횟수 선택		· 평가 횟수 선택 · 재평가 가능

도전을 어려워하는 학생을 위해 평가 문항을 재진술하는 것도 학습을 어려워하는 학생을 위해 평가의 문턱을 낮추어 주는 것도 교사별 평가가 갖는 장점이라 하겠다.

과거 평가에서는 평가 과정에서 어떤 학생에게 도움을 주거나 다른 문제를 풀게 했다면 아이들과 학부모로부터 항의를 받았을 것이다. 공평하지 못하다는 이유에서 말이다. 과거에는 그러했다. 비교적 입시에서 자유로운 초등학교에서도 마찬가지다. 중간, 기말고사 시험에서 평균을 산출하여 서열을 매기고 학업 우수상을 시상했으니 평가 장면에서 누군가가 몰라도 그대로 놔두어야 했다. 하지만 과정 중심 평가에서는 평가를 통한 성장이 목표다. 평가는 적절한 피드백을 제공하여 배움을 한 단계 심화하기 위한 도구로 인식된다. 과정 중심 평가에서 평가 목표, 내용, 방법의 선택권을 학생에게 돌려주고, 적절한 피드백을 제공하여 배움을 촉진하는 것이 자연스럽게 받아들여지는 문화가 되고 있다. 특별히 초등학교에서는 중고등학교보다 빠르게 확산되고 있는 게 사실이다.

개인차를 고려한 평가 문항 개발과 적용은 비교적 많은 시간과 노력이 소요된다. 여기서 모든 평가를 학생 맞춤형으로 하자는 비현실적인 주장을 하는 것이 아니다. 평가 중심에 학생 한 명 한 명에 대한 배려와 배움을 두자는 결단이자 도전이다. 그리고 교사의 관심과 능력, 학교 문화, 구성원의 합의 등을 고려하여 충분히 가능한 수준에서 시도하면 된다. 변화는 늘 두렵고 어렵다. 특히 평가는 수업의 변화보다 익숙하지 못하다. 그래서 더욱 중요하며 부족하지만 새로운 시도가 필요한 것이다. 평가에서 따듯한 온기가 느껴지는 그날을 기대해 본다.

14

융합형(통합형) 평가

2015 개정 교육과정은 창의·융합형 인재를 기르는 것을 목적으로 한다. 새로운 생각과 발상을 기초로 다양한 교과의 영역을 통합하여 문제를 해결하는 미래 역량을 기르는 것이다. 이에 따라 교과 중심의 분절적인 수업 운영 방식에서 프로젝트형, 융합형 수업이 현장에서 활발하게 이루어지고 있다.

창의·융합형 인재를 기르기 위해서는 융합형 수업이 필요한 것은 너무나 당연한 이치다. 그리고 융합형 수업은 자연스럽게 융합형 평가로 이어진다.

융합형 평가는 어떻게 접근해야 할까? 아직까지 학교 현장에서 융합형 평가 사례를 찾아보기는 쉽지 않다. 이해를 돕기 위해 융합형 평가를 단순하게 정의해 보고자 한다.

" 하나의 평가 장면에서 다양한 교과의 성취기준을 종합하여 이루어지는 평가 "

예를 들어, 5학년 국어과에서 견문과 감상, 사회과에서 선사시대와 관련된 내용을 학습한 후, 선사시대 유물이 있는 박물관으로 견학을 가서 견문과 감상이 드러나는 글을 쓰고, 선사시대 유물을 직접 관찰하고 특징을 기록하는 평가가 있다.

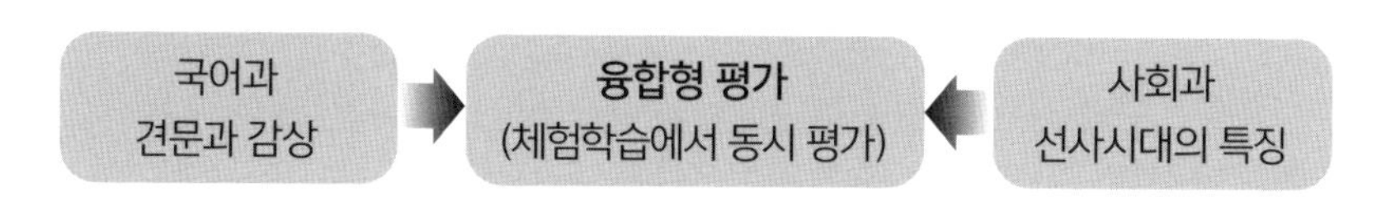

하나의 실제적인 평가 장면에서 국어와 사회과의 평가가 동시에 이루어지는 것이다. 평가지 형식은 양면을 활용하여 한 면에는 국어, 다른 한 면에는 사회 평가 문항을 제시하였다. 이러한 형태의 평가는 현장학습이라는 체험을 중심으로 2개 교과에서 배운 지식을 활용할 수 있도록 융합한 형태의 평가이다. 사회과에서 배운 선사시대 유물의 특징을 직접 관찰하여 기록하며, 그러한 관찰 기록이 국어과의 견문과 자연스럽게 연결될 수 있는 형태이다.

문제 상황과 해결 과제 중심의 융합형 평가도 가능하다. 국어과의 주장과 근거를 들어 설득하는 글쓰기와 사회과의 지역문제 해결 그리고 미술과의 시각 표현을 융합하여 '우리 지역 문제 해결을 위한 홍보 전단지 만들기' 과제를 통해 융합형 평가를 하는 것이다.

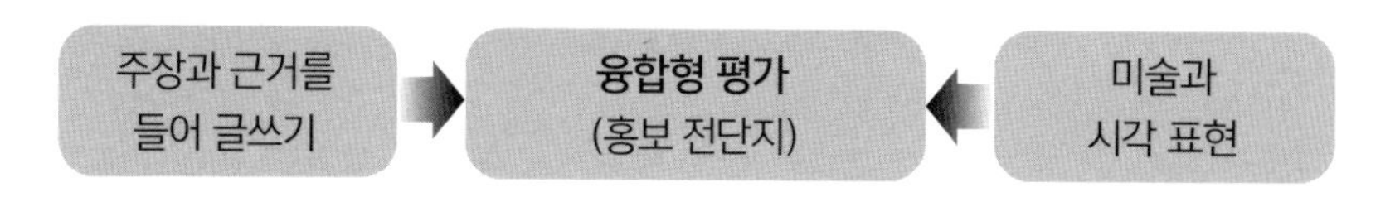

이러한 형태의 융합형 평가는 홍보 전단지라는 과제 안에 각 교과의

성취기준에 대한 학습 결과가 융합되어 나타난다. 홍보 전단지는 학생의 배움이 융합적으로 나타나는 결과물이 되는 것이다.

융합형 평가는 각각의 교과별 채점기준표를 제시하여 별도의 채점을 통해 나이스에 기록하는 방법을 활용할 수 있다. 또는 필요에 따라 일부 교과만 채점하여 나이스에 기록할 수도 있을 것이다.

15
평가 유형과 방법이 통합된 평가

평가 계획을 세울 때 우리는 평가 유형을 먼저 결정한다. 교육부 훈령이나 시도교육청 학업성적관리지침에도 명시된 것처럼, 평가는 지필평가와 수행평가로 실시하며, 두 가지 평가 유형 중 어떤 것을 선택하는 것이 성취기준 도달 정도를 확인하는데 적절한지 결정하는 것부터 평가는 출발하기 때문이다.

지필평가와 수행평가는 상호 배타적이기보다 상호 보완적이다. 과정 중심 평가가 현장에 도입 된 후 지필평가에 대한 부정적인 인식이 급속히 확산된 것이 사실이다. 지필평가는 단순 암기능력만을 측정하고 미래교육이나 창의성 교육에 적합하지 못하다는 고정관념이 생길 정도다. 특정 학교는 전 과목의 평가를 수행평가만으로 실시한다는 소식이 들리기도 한다. 과거 선택형 중심의 일제식 총괄평가는 단순 암기와 문제풀이교육을 조장하고, 점수화 서열화의 굴레에서 자유로울 수 없었던 문제가 있었다. 하지만 지필평가는 선다형 평가 방법만 있는 것이 아니다. 서술형, 논술형 문항도 지필평가 방법으로 활용될 수 있다.

또한 수행평가의 본질을 살린 문항은 교과 지식의 바탕 위에 만들어진다. 역량도 마찬가지로 지식, 기능, 태도의 조화로운 발현이다. 학습된 교과 지식을 실제적인 문제상황에서 유연하고 창의적으로 사용할 수 있도록 평가 장면을 조성하는 것이 수행평가의 핵심이다. 따라서 교과 지식을 직접적으로 평가하는 지필평가와 지식을 바탕으로 실제적인 문제 상황에서 적용하는 수행평가는 서로 밀접한 관련을 가지며 자연스럽게 통합될 수 있는 여지를 갖고 있다. 배움은 지식과 기능, 그리고 태도가 함께 어우러져 성장하기 때문이다.

지필평가와 수행평가가 서로의 한계를 보완할 수 있도록 평가 문항을 개발하고 적용하는 방법이 필요하다. 물론 지금도 수행평가와 지필평가가 병행하여 실행되고 있지만, 지금은 서로 다른 시기에 각각 독립적으로 평가가 적용되고 있다. 서로 다른 시기에 서로 다른 문항으로 평가하며 별개로 운영되고 있는 것이다. 이러한 한계를 극복하기 위해 하나의 평가 문항에 지필평가 요소와 수행평가 요소가 동시에 활용되는 평가 문항이 필요하다. 즉 지식을 평가하는 지필평가 문항과 수행을 평가하는 수행평가 문항이 같은 평가 장면에서 동시에 이루어지는 평가를 의미한다. 다만 하나의 문항에서 측정되는 지식과 기능은 서로 밀접하게 연결되어 있어야 하며 서로가 상호작용하여 학생의 배움을 촉진할 수 있어야 한다.

평가 방법 역시 마찬가지다. 하나의 방법에 얽매일 필요가 없다. 지필평가 방법인 서술형과 수행평가 방법인 토의토론 방법이 함께 활용되는 평가를 얼마든지 구안하여 적용할 수 있다. 따라서 각각의 평가 방법 역시 서로 보완적으로 활용할 수 있게 된다.

지필평가와 수행평가가 통합된 문항 예시

문항	평가 유형	평가 방법
1. 토의의 절차를 4단계로 써 봅시다.	서술형	지필평가 방법
2. 토의할 때 주의할 점을 두 가지 써 봅시다.		
3. 토의하고 싶은 주제를 선정해 봅시다.	논술	수행평가 방법
4. 주제에 대한 자신의 의견을 써 봅시다.		
5. 모둠 친구들과 한 가지 주제를 정해 토의에 참여해 봅시다.	토의토론	

16

수업과 평가의 잣대, 채점기준표

1. 채점 기준의 필요성 알기

채점기준표는 서·논술형 평가 및 수행평가의 대상이 되는 수행과정이나 산출물의 질을 구별하기 위한 일련의 지침이다. 영어로는 루브릭(rubric)이라고 한다. 지필평가 선택형이나 서답형 중 단답형, 완성형 문항은 예시 답안만 있어도 객관적인 채점이 충분히 가능하지만, 서·논술형 평가와 수행평가만큼은 채점의 신뢰도 확보를 위해 채점기준표가 필수다. 학생의 생각과 판단에 따라 다양한 형태의 평가 결과가 나타나고 교수·학습 과정에서 수행 과정과 결과를 동시에 평가하는 경우가 많기 때문이다.

수업(평가) 전 채점 기준을 작성하는 과정에서 무엇을 평가해야할지, 어떻게 피드백 할지 명확해져 수업을 개선하는 효과도 가져다 준다. 수업 중 이루어지는 평가는 시간의 흐름에 따라 꼭 필요한 지점에서 피드백과 평정이 이루어져야 하는 경우가 많다. 이때 채점 기준에 근거하여 교사가 관찰해야 할 학생 행동, 특징, 배움을 나타내는 증거, 머뭇거리는 지점 등을 포착할 수 있는 시선이 필요한데, 채점기준을 미리 설정하는 과정에서 이러한 안목이 길러질 수 있다.

2. 채점 기준 개발 방법 알기

채점 기준은 채점자의 판단을 돕고 학생과 학부모에게 평가 결과에 대한 근거 자료로 미리 제공될 수 있다. 상황에 따라 채점기준을 학부모에게 미리 제공하는 것은 어려울 수 있지만, 적어도 학생에게는 개발된 채점기준이 사전에 안내되어 채점 기준을 바탕으로 수행의 준거를 명확히 인식하고 자신의 평가 결과나 학습의 과정을 주도적으로 이끌어 갈 수 있도록 해야 한다. 때론 학생과 함께 채점기준을 만들거나 미리 만들어진 채점기준을 수정·보완하는 형태로 활용될 수 있다.

그렇다면 채점 기준은 어떻게 개발되어야 할까?

❶ 분석적 채점기준표

평가 대상을 개별적인 특성에 따라 분석하여 점수를 부여하고, 이들 점수를 합산하는 방식

- 여러 특성에 따른 채점
- 만들기 어렵고 채점도 어려움
- 구체적인 피드백 제공
- 높은 타당도

❷ 총체적 채점기준표

> '부분의 합이 전체가 될 수 없다'는 관점에서 평가 대상을 개별적인 특성에 따라 각각 점수를 부여하는 것이 아니라, 전체적인 관점에서 판단하여 점수를 부여하는 방식
>
> · 단일 점수
>
> · 만들기 쉽고, 경제적 채점
>
> · 구체적 피드백 결여
>
> · 낮은 신뢰도

[일반적인 채점기준표 개발 절차]

단계	단계별 내용
1. 평가 문항 개발	성취기준에 근거하여 과정 중심의 평가 문항 개발
2. 평가과제 분석	과제 수행 시 중요한 부분과 성취해야 하는 내용에 대한 분석
3. 평가요소 선정	과제 분석을 바탕으로 평가 요소 추출
4. 세부내용(평가기준) 설정	각 평가 요소에 따른 평정 척도별 세부 특성 서술

[채점기준표에 반영해야 할 요소]

평가 요소	과제 수행 판단 준거, 학습의 증거
평가 요소별 척도	수행 수준을 구분하여 제시
세부 내용	평가 요소별 척도에 따른 수준을 문장으로 진술

[채점기준표 개발 시 점검 사항]

· 채점 기준이 **성취기준에서 요구하는 목표**에 맞게 제시되었는가?

· 채점 기준이 **인지적, 정의적 성장과 발달 과정**을 파악할 수 있게 제작되었는가?

· 채점 기준은 학생의 **수준을 변별**할 수 있도록 제작되었는가?

· 채점 기준에 평가 과제 유형에 적절한 평가 **요소, 척도, 세부 내용**이 제시되었는가?
· 학습의 과정에서 **직접적인 피드백**을 줄 수 있도록 개발되었는가?
· 채점 기준을 학생과 학부모에게 미리 안내하였는가?

분석적 채점기준표 사례 1

평가 요소	평가 척도	세부 내용 (채점 기준)
글 구성의 적절성	상	서론-본론-결론의 구성이 잘 드러나도록 작성하여 제안하는 내용이 명확하게 드러난다.
	중	서론-본론-결론의 내용 구성 중 일부 내용이 잘 드러난다.
	하	서론-본론-결론이 드러나게 쓰고자 노력하였으나 내용의 구분이 어렵다.
문제해결 방안과 근거의 적절성	상	글에 제시된 문제 해결 방안이 합리적이고 타당한 근거를 두 가지 이상 제시하였다.
	중	글에 제시된 문제 해결 방안이 합리적이고 타당한 근거를 한 가지 제시하였다.
	하	해결방안의 합리성이 부족하고 근거 또한 제시 되지 않고 있다.

분석적 채점기준표 사례 2

영역	평가 요소	세부내용 (채점기준)	
		잘함	노력 요함
지식	이야기의 내용을 파악하고 있는가?	이야기의 내용을 인물, 사건, 배경을 중심으로 이해한다.	이야기의 내용을 이해하지 못한다.
	독서 토론을 하는 방법을 알고 있는가?	독서 토론을 하는 방법을 설명한다.	독서 토론하는 방법을 알지 못한다.

기능	토론 주제에 맞는 자신의 생각(의견)을 말할 수 있는가?	토론주제에 맞는 자신의 생각을 말한다.	토론주제에 맞는 자신의 생각을 말하지 못한다.
	의견을 뒷받침할 수 있는 타당한 근거를 제시하는가?	자신의 의견을 뒷받침 할 수 있는 타당한 근거를 제시한다.	자신의 의견을 뒷받침 할 수 있는 근거를 제시하지 못한다.
태도	말 차례를 지키기 위해 노력하였는가?	상대가 말하는 중간에 끼어들지 않고 경청한다.	사회자의 발언권을 얻지 않고 자신의 의견을 제시한다.
	독서 토론 활동을 할 때 모둠 친구들과 협력하는가?	토론 준비 및 활동을 할 때 서로 양보하고 도우려는 태도를 가진다.	토론 준비 및 활동을 할 때 혼자서 독점하려고 한다.

총체적 채점기준표 사례 1

평가 요소	경제 활동에서 선택의 문제가 발생함을 이해하고 생산, 소비 등 경제 활동을 설명하기	
평정 척도	◎	문제 상황에 알맞은 말풍선을 완성하고 선택의 문제가 발생하는 이유를 적절하게 제시하며 경제 활동을 설명하는 토의 과정에 참여할 수 있다.
	○	문제 상황에 알맞은 말풍선을 완성하고 선택의 문제가 발생하는 이유를 일부 제시하며 토의에 참여할 수 있다.
	△	문제 상황에 알맞은 말풍선은 완성하였으나 선택의 문제가 발생하는 문제를 이해하고 토의에 참여하는데 어려움을 느낀다.

3. 일반적인 채점 방법 알기

❶ 총체적 채점기준표

- 평가 척도에 제시된 요소를 종합적으로 판단하여 평정
- 채점 결과의 세부 내용 기록

채점기준표에 동그라미 하기

평가 요소	경제 활동에서 선택의 문제가 발생함을 이해하고 생산, 소비 등 경제 활동을 설명하기	
평가 척도	◎	문제 상황에 알맞은 말풍선을 완성하고 선택의 문제가 발생하는 이유를 적절하게 제시하며 경제 활동을 설명하는 토의 과정에 참여할 수 있다.
	○	문제 상황에 알맞은 말풍선을 완성하고 선택의 문제가 발생하는 이유를 일부 제시하며 토의에 참여할 수 있다.
	△	문제 상황에 알맞은 말풍선은 완성하였으나 선택의 문제가 발생하는 문제를 이해하고 토의에 참여하는데 어려움을 느낀다.

❷ 분석적 채점기준표

(평가 요소가 2개 이상) 평가척도를 종합하여 전체 등급을 부여하는 방법

평가 요소	평가 척도	세부 내용 (채점 기준)
글 구성의 적절성	상	서론-본론-결론의 구성이 잘 드러나도록 작성하여 제안하는 내용이 명확하게 드러난다.
	중	서론-본론-결론의 내용 구성 중 일부 내용이 잘 드러난다.
	하	서론-본론-결론이 드러나게 쓰고자 노력하였으나 내용의 구분이 어렵다.

문제해결 방안과 근거의 적절성	상	글에 제시된 문제 해결 방안이 합리적이고 근거 또한 적절하게 제시되어 있다.
	중	그에 문제 해결 방안을 제시하였으나 근거가 다소 부족하다.
	하	해결방안의 합리성이 부족하고 근거 또한 제시 되지 않고 있다.
전체 등급	상	상+상, 상+중
	중	중+중, 중+하
	하	하 + 하

(평가 요소가 2개 이상) 채점기준표에 평가 요소별 점수를 부여하는 방법

영역	평가 요소	세부내용 (채점기준)		
		매우 잘함	잘함	노력 요함
지식 (20)	이야기의 내용을 파악하고 있는가?	이야기의 내용을 인물, 사건, 배경을 중심으로 이해한다.(10)	이야기의 내용을 인물, 사건, 배경을 중심으로 일부 이해한다.(7)	이야기의 내용을 이해하지 못한다.(4)
	독서 토론을 하는 방법을 알고 있는가?	독서 토론을 하는 방법을 설명한다.(10)	독서 토론을 하는 방법을 부분적으로 설명한다.(7)	독서 토론하는 방법을 알지 못한다.(4)
기능 (40)	토론 주제에 맞는 자신의 생각(의견)을 말할 수 있는가?	토론주제에 맞는 자신의 생각을 말한다.(20)	토론주제에 맞는 자신의 생각을 부분적으로 말한다.(15)	토론주제에 맞는 자신의 생각을 말하지 못한다.(10)
	의견을 뒷받침할 수 있는 타당한 근거를 제시하는가?	자신의 의견을 뒷받침할 수 있는 타당한 근거를 제시한다.(20)	자신의 의견을 뒷받침할 수 있는 일부 근거를 제시한다.(15)	자신의 의견을 뒷받침할 수 있는 근거를 제시하지 못한다.(10)

태도 (10)	말 차례를 지키기 위해 노력하였는가?	상대가 말하는 중간에 끼어들지 않고 경청한다.(10)		사회자의 발언권을 얻지 않고 자신의 의견을 제시한다.(5)
	독서 토론 활동을 할 때 모둠 친구들과 협력하는가?	토론 준비 및 활동을 할 때 서로 양보하고 도우려는 태도를 가진다.(10)		토론 준비 및 활동을 할 때 혼자서 독점하려고 한다.(5)

매우 잘함: 70~60 / 잘함: 59 ~ 46 / 노력: 45 ~ 38

- 점수 구분점(세부내용)을 3~5개로 제시할 수 있음
- 점수 구분점에 따른 점수별 편차는 교사가 판단하여 결정
- 과제 수행에 기여하는 중요도에 따라 평가 요소별 점수에 가중치를 부여할 수 있음

주제 중심 수업에서 활용할 수 있는 통합 채점기준표

교과별 성취기준	평가 요소	평가 척도	세부 내용 (채점 기준)
국어A	1 2	매우 잘함 / 잘함 / 노력	(생략)
사회B	1 2 3	매우 잘함 / 잘함 / 노력	
도덕C	1 2	매우 잘함 / 잘함 / 노력	

여러 개의 성취기준이 통합된 주제 중심(프로젝트형) 수업 설계에서의 채점 기준표는 통합적으로 작성하여 채점할 수 있다. 예를 들어 국어과A, 사회과B, 도덕과C 성취기준을 통합하여 프로젝트 수업을 재구성하였다고 가정한다면, 각각의 평가 문항과 채점기준표를 별개로 개발하기보다, 통합적으로 개발하여 활용할 수 있고, 이러한 형태는 평가 부담을 줄일 수 있다.

채점 방법

- 교과별 성취기준에 따라 평가·채점하고 각각 나이스 기록: 위 채점기준표를 기준으로 3개 교과를 3개의 문항으로 평가하게 되고, 나이스 '교과평가 또는 교과학습발달상황'에 교과별(국어, 사회, 도덕) 평가 결과 입력
- 교과별 성취기준을 종합하여 전체 등급을 부여하고 나이스 기록: 교과별 평가 요소에 따라 평가하고, 교과별 평가 결과를 종합하여 주제 중심 수업의 전체 등급을 평정한 후 나이스 기록(수업의 과정에서 특징적인 장면을 교과발달상황이나 행동특성 및 종합의견에 입력)

4. 채점 오류를 줄이는 방법 살펴보기

❶ 채점 기준을 명료하고 상세하게 제시하지 못한 경우 오류 발생 가능

채점 기준을 명료하게 제시함으로써 채점자 사이에 생길 수 있는 오류와 채점자 자신의 오류를 최소화할 수 있다. 이를 위해 채점의 요소와 각 요소의 배점을 분명하게 결정하고, 일관성 있게 채점할 수 있도록 모범(예시) 답안을 작성할 필요가 있다. 하나의 정답이 아니라 가능성이 있는 여러 답을 고려해야 하는 경우, 그 답을 어떻게 해석하느냐에 따라 다르게 채점할 수 있기 때문에 임의로 해석하지 못하도록 채점 기준을 상세하게 작성해야 한다.

❷ 채점 기준이 포괄성을 갖추지 못한 경우 오류 발생 가능

채점 기준에는 학생이 제시하는 반응을 모두 포함하고(포괄성), 어떤 답안이라도 그에 해당하는 점수 부여 기준이 있어야 한다. 또한 채점 기준의 수준 구분은 이론적, 경험적으로 근거가 타당해야 한다.

❸ 유사 답안, 부분 점수를 포함하여 채점기준표 수정 보완

문항을 개발한 후에는 예시 답안을 작성하고 나서 예상되는 학생의 답안을 최대한 나열한 후에 평가 목적을 고려하여 채점 기준을 작성한다. 그리고 실제로 학생들의 답안지를 일부 추출하여 이미 작성한 채점 기준에 따라 채점하면서 채점 기준을 수정, 보완하며 유사 답안과 부분 점수를 확정한다.

❹ 문항 단위로 채점, 답안지의 응시자 정보를 가리고 채점

[대표적인 채점 오류 6가지]

구분	내용	오류를 줄이는 방안
집중화 경향의 오류	최고점이나 최저점보다는 평균에 가까운 점수 부여	평정할 특성이 무엇인지 그 의미를 확실히 알고 있지 못한 경우에 이러한 오류가 많이 나타나므로, 평가 요소와 평정 척도를 바르게 추출하여 여러 개가 되도록 할 수 있다.(3단계 → 5단계)
표준의 오류	채점자 각자가 생각하고 있는 기준에 맞춰 점수를 부여할 경우 채점자 사이에 배점 기준이 달라지므로 점수 차이가 발생	답안을 여러 요소로 나누어 각 요소마다 점수를 배정하고, 점수마다 채점 기준을 제시하여 주관이 개입되는 것을 최소화(즉, 상세한 채점기준표 개발)
인상의 오류	선입견이나 사전 정보 때문에 후한 점수를 부여하는 관대한 오류를 저지르거나 박한 점수를 부여하는 엄격 오류를 범하게 됨(후광 효과)	채점할 때 답안지에 기재되어 있는 이름과 같은 학생의 정보를 채점자가 알지 못하도록 하거나 학생별로 채점하는 것을 피하고 문항별로 채점

대비의 오류	채점자가 정통하거나 숙달하고 있는 능력에 대해서는 과소평가되고, 채점자에게 생소하거나 미숙한 부분에 대해서는 과대평가 됨	답안을 여러 요소로 나누어 각 요소마다 점수를 배정하고, 점수마다 채점 기준을 제시하여 주관이 개입되는 것을 최소화(즉, 상세한 채점기준표 개발)
논리의 오류	채점 기준에 모순된 논리가 포함됨으로써 발생. 예를 들어 '사교적이면 명랑하다'거나 '정직하지 않으면 준법성도 없다'는 등의 논리적으로 모순된 판단이 채점 과정에 그대로 반영되는 경우에 발생할 수 있는 오류	
근접의 오류	시공간적으로 가깝거나 먼 차이로 인해 발생하는 것으로 학생을 면담하거나 평가와 관련된 사건을 겪고 나서 바로 채점한 결과와 시간이 어느 정도 흐르고 나서 채점한 결과에 차이가 생기는 것	평가를 해야 하는 기간을 적절하게 유지하고, 평가를 하는 기간이 길 경우 그것을 여럿으로 나누고 각각의 짧은 기간에, 해당하는 기간마다 평가

17
수업에서 이루어지는 피드백

1. 과정 중심 평가의 핵심은 바로 피드백

현장 교사라면 누구나 공감하겠지만, 수업 중 평가와 더불어 피드백을 제공하는 일련의 과정은 매우 어렵다. 하지만 과정 중심 평가의 핵심은 피드백에 있기 때문에, 피드백을 포기하고서는 과정 중심 평가 자체가 성립되지 않는다. 현실적인 어려움에도 불구하고 피드백에 집중하는 이유는 바로 여기에 있다.

교육부가 제시한 과정 중심 평가의 정의는 아래와 같다.

① 교육과정의 성취기준에 기반한 평가 계획에 따라
② 교수·학습 과정에서 학생의 변화와 성장에 대한 자료를 다각도로 수집하여
③ 적절한 피드백을 제공하는 평가

과정 중심 평가의 과정은 ①→②→③으로 진행된다. 평가 계획을 수립하여 수업을 통해 변화와 성장의 자료를 수집하는 까닭은 바로 피드백을 위함이다. ①, ②는 ③을 위해 존재한다.

교육과정평가원(2017)에서는 피드백의 의미를 다음과 같이 정리하고 있다.

> 피드백은 과정 중심 평가를 통해서 드러난 학생의 현재 수준과 학생이 도달해야 할 수행 수준 간의 차이를 자세하게 알려줌으로써 학생의 학습과 성장을 지원하는 전체적인 과정이다. 피드백을 통해 학생이 잘하거나 부족한 부분을 설명하고, 부족한 부분을 보완하기 위해 수행해야 할 점이 무엇인지 안내가 되어야 한다.

2. 과정 중심 평가에서 피드백의 기능

한국교육과정평가원(2018)에서는 평가에서 피드백의 기능을 다음과 같이 제시하고 있다.

[학생평가에서 피드백의 기능]

피드백

교사
학생 요구 파악
교수·학습 개선

학생
학습상의 강·약점 파악
학습 계획 제공

학습자의
성장과
발달 촉진

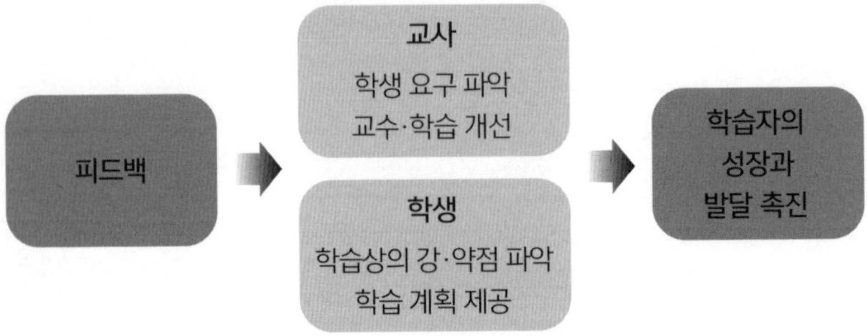

이러한 피드백의 기능은 수업의 과정에서 어떻게 작동하는가? 어떤 효과를 주는가?

[평가 과정에서 제공되는 피드백의 효과]

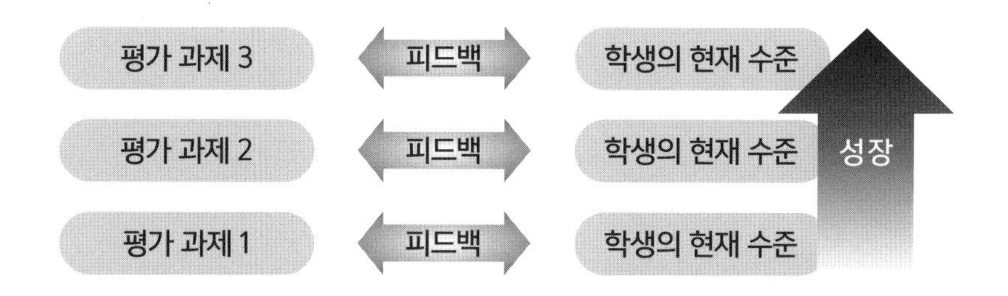

3. 나만의 피드백 원칙이 있는가?

피드백은 수업 중 실시간으로 일어난다. 그리고 수업을 마친 후나 쉬는 시간에도 수시로 이루어지는 특징이 있다. 동시다발적으로 이루어지기도 하고 상황과 장소에 크게 구애받지도 않는다. 입체적이면서 다각도로 이루어지는 피드백에서 교사가 원칙과 우선순위를 세워두는 것이 필요하다. 시공간의 제약을 받는 우리는 가장 교육적 효과를 증진시키기 위해 전략적인 접근이 필요하기 때문이다.

나도 몇 가지 피드백의 원칙이 있다.

❶ 피드백이 가장 필요한 아이부터

평가나 활동 안내 후 무엇을 어떻게 시작해야할지 집중하기 어려워하는 아이들이 항상 보인다. 피드백은 우리 반 아이들 중 학습에 어려움을 겪는 아이들에게 먼저 다가간다. 그리고 개별적으로 핵심을 다시 한 번 안내하고, 활동을 시작할 수 있는 지 확인 후, 다음 피드백을 위해 이동한다. 아이들의 눈빛과 태도를 보면 누구에게 가장 먼저 찾아가서 피드백을 주어야할지 어느 정도 판단할 수 있다.

❷ 중요한 것은 관찰 – 진단적 관찰, 성장을 확인하는 관찰

나는 피드백에서 가장 중요한 요소는 관찰이라 생각한다. 교사가 마음의 여유를 갖고 아이들 한 명 한 명을 사랑과 관심으로 관찰할 수 있을 때, 피드백의 내용과 방향이 보인다. 관찰은 크게 두 가지로 나누어 볼 수 있다.

☑ 피드백을 위한 진단적 관찰

어려워하는 지점, 배움이 주춤거리는 지점을 정확히 짚어내기 위한 관찰을 의미한다. 수업 중 학생들은 다양한 경로로 도움을 요청한다. 학생들마다 서로 다른 언어로 보내는 사인을 포착하기 위해서는 세심한 관찰이 필수적이다. 피드백을 위해 교사는 민감해져야하고 드러난 신호에 맞게 적절한 피드백을 제공할 뿐 아니라 드러나지 않는 어려움도 찾아낼 수 있는 안목이 필요하다.

☑ 성장을 확인하기 위한 성찰적 관찰

피드백 후 아이들이 얼마나 진전이 있는지 확인하기 위한 관찰을 의미한다. 수업 중 피드백에 아이들에게 배움의 효과를 가져다 주었는지 바르게 확인하는 과정으로 교사에게 만족과 보람을 안겨다 주며, 더욱 적극적인 피드백을 가능하게 하는 동기가 된다.

❸ 무엇을 피드백할 것인지 명확한가?

수업 목표, 내용, 방법을 선명하게 이해한다면 수업 중 무엇을 어떻게 피드백할지가 뚜렷해진다. 의도적인 관찰과 피드백이 가능하다는 의미다. 수업 중 일어나는 수많은 말과 행동에서 아이들이 보내는 피드백을 위한 신호를 걸러낼 수 있다는 뜻이기도 하다.

❹ 피드백은 교사만 하는 게 아니다

모든 피드백을 교사가 하기엔, 시간도 부족하고 효과도 그렇게 높지 않다. 나와 친밀한 관계에 있는 친구, 교과서, 도서, 필기 공책, 인터넷 검색, 가족 등 피드백의 주체를 다양하게 접근하는 것이 교사 혼자서 감당해야할 무게를 덜어준다. 교사가 직접적인 구두 피드백을 주기 전, 다른 형태의 피드백을 적용할 수 있는지 탐색해보자.

❺ 정의적인 영역의 피드백 ⬇, 학습 목표 연계 피드백 ⬆

성취기준에 정의적인 영역이 포함되어 있다면 당연히 정의적 영역 중심의 피드백을 주어야 한다. 협력 태도, 수업 참여 태도, 듣는 자세, 열정, 소통의지 등을 함양하기 위한 성취기준이라면 마땅히 이를 촉진하는 피드백이 수업 중 이루어져야 할 것이다. 하지만 교사들은 습관적으로 이와 관련 없는 수업에서도 아이들의 과제 참여 정도와 수업 태도에 대해 피드백을 빈번하게 제공하곤 한다. 물론 참여도나 열성도가 배움의 질과 지속성을 결정하는 주요 요인이긴 하지만, 피드백의 빈도와 비중은 학습 활동 및 과제와 직접 연결된 내용을 먼저 제공하는 것이 학습에도 도움이 될 것이다. 자칫 불량한 수업 태도 중심의 '잔소리' 성격을 갖는 피드백을 남발하고 있는 것은 아닌지 되돌아볼 필요가 있다. 이러한 피드백은 그다지 효과적이지 못하고, 오히려 마음문을 닫게 만들어 수업에 장애요인으로 작용할 수도 있다는 사실을 간과해서는 안 될 것이다.

함께 생각해 봐요

★ 내 피드백 원칙과 전략은 무엇인가요? 동학년 선생님들과 함께 이야기해 봅시다.

18
평가 문항 다듬기 step by step

[평가 문항의 완성도를 높이기 위한 체크리스트]

순	구분	세부 내용
1	**내용**	수업 내용과 평가 내용이 일치하는가?
2	**방법**	평가 방법은 적절한가?
3	**성취도**	학습자의 성취 정도가 고려되었는가?
4	**진술문**	문항 제시문이 간결하고 교사의 의도대로 진술되었으며, 학생들이 이해하는 데 어려움은 없는가?
5	**예상 답안** **채점기준**	예상되는 정답과 오답은 무엇인가? 채점기준표는 작성되었는가?
6	**피드백**	피드백 전략이 수립되어 있는가?

1. 수업 내용과 평가 내용이 일치하는가?

수업 내용과 평가 내용의 불일치는 가르치지 않은 내용을 평가하는 것, 아이들이 배우지 않은 내용을 평가한다는 의미다. 언뜻 수긍하기 어려울 수도 있다.

'가르치지 않은 내용을 평가하는 교사도 있단 말인가?'

그렇다. 가르치고 배우지 않은 내용이 교묘히 평가에 포함되는 경우는 일상적인 평가 장면에서 종종 발생한다. 물론 교사가 의도적으로 그렇게 하진 않는다. 하지만 문항 출제의 과정에서 수업의 목표와 직접 관련 없는 내용이 포함되어 학습 정도를 바르게 진단하고 피드백 하는 데 방해를 줄 수 있는 위험이 늘 존재한다.

수업 내용과 평가 내용의 일치는 성취기준과 평가 내용 일치의 관점으로 확대해볼 수 있다. 수업은 성취기준에서 비롯되기 때문이다. 교육과정 문해력을 바탕으로 한 성취기준의 해석에서부터 수업은 출발한다. 따라서 성취기준과 평가 내용은 일치해야 한다. 수업에서 다루지 않은 문제 난이도, 적용 범위, 기능을 요구하는 것은 아닌지, 평가 제재나 문제 서술 방식의 난이도가 높아서 성취기준에서 요구한 수준과 내용을 바르게 평가하기 어렵게 문항이 설계된 것은 아닌지, 수업에서 배운 지식, 기능, 태도가 평가를 통해 도달 여부를 정확히 확인할 수 있는지, 사전 정규 교육과정 이외의 학습된 지식이나 기능이 문제 해결에 활용되는 것은 아닌지, 학생의 사회 경제적 배경이 평가에 영향을 주지는 않는지 면밀히 검토해보아야 한다. 성취기준-수업-평가가 논리적으로, 유기적으로 연계될 때, 우리는 수업 내용과 평가 내용이 일치하고, 달리 표현하자면 성취기준에 근거한 평가 내용이 선정되고 타당성이 확보될 수 있다.

2. 평가 방법은 적절한가?

앞서 다루었지만, 평가 유형과 성취기준에 따라 적절한 평가 방법이 결정된다. 즉 지필평가 유형에 적합한 평가 방법과 수행평가 유형에 적합한 평가 방법이 어느 정도 구분되어 있다. 예를 들어 지필평가로 성취도를 확인하기로 하였으면, 지필평가 방법인 서술형이나 완성형 등의 평가 방법을 활용하고, 수행평가로 평가 유형을 결정하였다면 토의 토론이나 관찰법 등 수행평가에 적합한 방법으로 활용하는 것이 적절하다.

성취기준이 특정 사실에 대한 지식을 학습하는 인지적인 영역 학습을 강조하여 진술하고 있다면, 수업 설계에 있어 기초 기본 개념과 지식의 학습이 강화될 수 있는 수업 설계가 필요하고, 이에 따라 인지적 영역의 성취도를 확인하는 지필평가와 이에 적합한 평가 방법이 활용되어야 한다. 수행평가 역시 마찬가지다. 특정 기능을 강조하는 성취기준의 경우 실제 기능의 수행을 확인할 수 있는 수업과 평가 방법이 적용되는 것이 타당하다. 조사와 탐구 중심의 수업을 진행하였다면, 조사와 탐구 과정과 결과를 정리한 포트폴리오나 보고서 형태의 수행평가가 합리적이고 타당하다. 만약 완성형이나 서술형 중심의 평가를 적용한다면 수업 이외의 암기 형태의 추가적인 학습이 요구되고 이는 성취기준-수업-평가의 분절을 불러온다. 따라서 성취기준과 성취기준에서 비롯된 수업에 따라 타당한 평가 유형과 방법이 확정되는 것이다.

하지만 수업과 연계되지 못한 평가 방법이 적용되는 경우도 빈번하다. 견문과 감상의 의미를 배우고 구분하는 인지적 영역 중심 수업 후 실제 평가는 견문과 감상을 활용한 글을 쓰게 하는 수행평가 방법이 적용되는 경우나 기능 수행을 전제한 심동적 영역 중심 수업 후 단편적인 지식 중심의 지필평가 방법을 적용하는 경우도 있다. 평가 계획은 지필평가로 되어 있지만, 실제 적용은 수행 평가 방법으로 이루어지거나 그 반대인 경우도 종종 있다.

3. 학습자의 성취 정도가 고려되었는가?

학습자의 성취 정도를 고려하여 문항 난이도가 결정되어야 한다. 특정 성취기준에 대한 우리 반 아이들의 성취 정도는 수업의 과정에서 교사에 의해 파악된다. 학생 개인별 성취도의 진단과 더불어 우리 반 전체의 학습 수준을 파악하여 문항 난이도를 적절히 조율할 수 있다.

예컨대 수학 연산 학습에서 다수의 학생들이 어려움을 겪었다면, 문장제 문제나 응용문제의 비중을 줄이고 기초 기본 계산 방법과 원리 학습을 강화하는 문제 비중을 높이는 것이 효과적이다. 반대로 이미 다수의 학생들이 연산 원리에 익숙하다면, 생활 연계 응용문제나 창의적인 풀이 방법을 요구하는 문제를 포함할 수 있는 선택지가 생긴다. 하나의 평가 장면에서 서로 다른 수준의 평가 문항을 배치하여 학습의 곤란점을 세밀하게 진단하고 처방할 수 있기 위해서는 학생에 대한 성취 정도가 고려되어야 가능한 일이다.

통상 다수의 학교에서 평가 계획과 문항을 3월에 제작하여 결재를 받는다. 3월에 완성하여 적용되는 평가 문항은 학습자의 성취 정도가 고려될 수 없다. 또한 교사의 수업 내용이 기존 만들어진 문항에 의해 제약을 받거나 아니면 수업과 별개의 내용과 방법으로 평가 문항이 구성되었을 가능성도 높다. 이러한 문제를 극복하기 위해 3월에 결재 받은 문항도 수업 과정과 성취 정도에 따라 재구성될 수 있어야 한다. 또는 평가 계획은 3월에 수립하되 평가 문항은 수업을 적용하는 과정에서 만들어가는 것이 성장을 돕는 평가 본연의 목적 달성에 필요한 과정일 것이다.

4. 문항 제시문이 간결하고 교사의 의도대로 진술되었으며, 학생들이 이해하는데 어려움은 없는가?

다수 학생들이 문제 출제 의도, 문제에서 요구하는 응답이 무엇인지 명확히 가려내지 못해 평가에서 제 실력을 발휘하지 못한다. 특히 초등학교에서 빈번하게 일어나는 문제다. 교사가 문항 출제의 의도를 문항 지시문으로 간결하고 명확하게 옮기지 못했거나, 문제를 이해하는 능력이 문항을 해결하는데 걸림돌이 되기 때문이다. 학생이 문항 지시문을 이해하지 못해 문제를 틀리는 경우는 없도록 세심하게 신경 써야 한다.

대표적인 사례가 수학과의 문장제 문제이다. 문장제 문제에서 제시하는 조건과 무엇을 구하는 것인지에 대한 명확한 이해가 없는 상태에서 문제를 풀면 꼭 틀리게 된다. 문장의 의미를 이해하지 못하거나 모르는 단어나 낯선 문장 형식이 포함되어 있어 오답을 쓰기도 한다. 이처럼 문장제 문제 형식에 익숙하지 않거나 이해하지 못해 문제를 틀리는 경우가 최소화될 수 있도록 평가 제시문을 세심하게 다듬을 필요가 있는 것이다.

때론 필요에 따라 학생들과 함께 문항을 읽으며 문제의 조건은 무엇인지, 무엇을 구하라는 것인지 살펴보고 짚어볼 필요도 있다. 이러한 과정은 문제의 흡수력을 높이고 불필요한 실수를 줄여 제대로 된 평가를 받게 하는데 도움을 준다.

또한 하나의 문장에 하나의 내용 지시 요소만 담거나 문항 지시문에 사용된 용어를 정선해야 한다. 쉽고 뜻이 명확한 어휘를 사용해야 한다. 중요한 구절은 눈에 잘 띄게 표기하거나 (잘못된 것은, 모두, 옳은 것은), 문항 제시문의 호응관계를 점검하고 한 문장에는 하나의 의미만 담도록 진술한다. 끝으로 교사의 출제 의도가 지시문에 잘 반영되었는지 오해할 만한 부분은 없는지 검토하여 마무리한다. 이러한 과정은 수고스럽지만 평가를 받는 학생들을 위한 따뜻한 교사의 배려다.

5. 예상되는 정답과 오답은 무엇인가? 채점기준표는 작성되었는가?

문항이 어느 정도 완성된 후 예상되는 정답과 오답을 분석해보는 과정은 문항 자체의 완성도, 채점의 객관도와 신뢰도를 높인다. 다양한 관점에서 학생들이 작성할 정답을 미리 예상하여 정답으로 분류될 수 있는 다양한 응답에 대해 판단할 수 있고, 검토 결과에 비추어 문항 자체가 개선되기도 한다. 예상되는 오답을 분석하는 것 역시 같은 효과가 있다. 충분히 예상될만한 오답이 발생하지 않는 장치를 마련한다거나 불필요한 오답을 불러 일으킬 만한 요소를 제거할 수도 있다. 이처럼 정답과 오답을 예상해보는 과정은 문항 자체의 완성도를 높이고 채점의 신뢰성을 높여 준다. 특히 초등학교에서는 예측하기 어려운 다양한 범주의 오답과 유사 답안이 나타나기 때문에, 평가 문항의 초안이 완성된 후 예상되는 정답과 오답의 검토는 필수라 하겠다.

정답과 오답을 예상해보는 과정은 채점기준표(Rubric) 작성으로 이어진다. 채점기준표에 포함되어야 할 기본적인 요소들이 있지만, 사실 정답과 오답의 합리성, 신뢰성, 타당성을 높이기 위해 채점기준표를 작성하는 것이다. 예상되는 정답과 오답을 다양한 관점에서 검토하는 과정은 채점기준표를 작성하는 과정이 주는 유익이다. 따라서 채점기준표 작성은 결재 여부와 관계없이 교사별 과정 중심 평가에서 꼭 필요한 과정이라 볼 수 있겠다.

평가 요소에 맞춰 분석적, 또는 총체적 채점기준표를 작성하는 과정은 평가 설계 과정을 반성적으로 성찰할 뿐 아니라 평가를 수업에서 적용할 때 유연성과 적용력을 높여준다. 평가의 핵심은 무엇인지, 무엇을 피드백해야 하며 무엇을 관찰해야 하는지 명확하게 드러낼 수 있는데 도움을 준다.

이러한 이유로 채점기준표 작성을 형식적인 빈 칸 채우기로 하기 보다 예상되는 정답과 오답을 구분하는 기준을 미리 세워보는 관점에서 접근할 필요가 있다.

6. 피드백 전략이 수립되어 있는가?

교사별 과정 중심 평가는 성장을 지향한다. 평가를 통해 아이들의 배움 정도를 바르게 진단하여 적절한 피드백을 제공하기 위한 평가다. 즉 교사별 과정 중심 평가의 최종 목적지는 피드백과 보다 나은 배움과 성장이다. 따라서 평가 문항 제작과 함께 효과적인 피드백 방안이 결정되어야 할 것이다.

수업의 과정에서 이루어지는 과정 중심 평가는 각 단계별로 반드시 이해하고 넘어가야 할 포인트가 있게 마련이다. 교사는 이 핵심 포인트의 학습 여부를 평가를 통해 어떻게 확인할 수 있으며, 만약 학습이 되지 않았을 때 어떤 방법을 통하여 학습 정도를 높일 수 있을지에 대한 피드백 전략을 수립해야 한다. 이는 학습 목표, 평가 문항 설계, 피드백 전략 수립은 서로 하나되어 통합적으로 이루어질 때 가능하다.

사실 지금까지 평가의 관심 범위에서 적극적인 피드백이 소외되었던 것은 부인할 수 없는 사실이다. 우리가 지금까지 집중한 것은 평가 문항 자체의 완성도와 채점의 신뢰성이었다. 상대적으로 수업 과정에서 이루어지는 피드백에 소홀했다. 하지만 교사별 과정 중심 평가에서는 평가의 완성도, 채점의 신뢰성보다 피드백 전략에 대한 관심이 절실하다.

각 문항별 평가 장면에서 단계별 미도달 학생을 위한 피드백 방안을 미리 고민하는 과정은 피드백 역량을 길러준다. 또한 평가 문항 개발 시 피드백 가능 여부를 고려하여 제작하는 것도 좋다. 피드백은 수업과 평가의 과정에서 이루어지는 것이 가장 좋지만, 때로는 재평가 기회를 부여하거나 수업이 끝난 후 별도의 피드백을 제공할 수 있는 방법도 있다.

19
특색을 살린 평가 결과 통지

1. 평가 결과 통지 방법의 다양화

과정 중심의 평가로 평가 패러다임을 전환하고자 노력하는 과정에서 자연스럽게 평가 결과 통지 방법도 개선되어야 한다는 공감대가 형성되었다.

시도교육청별로 객관식 중심의 일제식 총괄평가를 지양하고 과정 중심 평가를 추진하는 과정에서 가장 큰 변화로 인식되는 것은 바로 100점 만점의 점수화된 중간·기말고사를 치르지 않는다는 점이다. 점수로 학생들의 실력을 판단했었는데, 요즘은 성취기준 도달 정도를 3단계나 5단계 척도로 결과를 통지한다. 그래서 과정 중심 평가가 적용되던 초창기에 변화된 평가 결과 통지 방법에 대한 학부모들의 항의와 민원이 빈번했다. 핵심은 과거 점수 대비 '현재 우리 아이의 실력이 어느 정도인지 정확히 알 수가 없다'는 내용이다. 즉 반에서 몇 등 정도하는지 평가 결과를 보면 알 수 없고, 상대적인 위치를 판단하기 어렵다는 것이다. 오랜 기간 동안 평가 결과를 점수로만 이해하던 사고방식에 변화가 필요하지만, 이는 쉽지 않은 일이었다. 학교 현장에서 교사들도 평가를 바라보는 인식을 전환하는 것이 쉽지 않았던 만큼 학부모도 마찬가지였던 모양이다.

학부모들이 요구한 핵심은 우리 아이가 공부를 잘 하고 있는지에 대한 정보가 부족하다는 점이다. 과거 점수로 학교 학습 결과에 대한 모든 정보를 짐작했다면, 이제는 다양한 자료를 통해 학부모 갈증을 해소해 주어야 한다. 평가 결과 통지가 학부모와의 소통 문제로 확장되었다고도 볼 수 있다.

평가 결과 통지 방식은 어떠한 형태로 다양화될 수 있을까? 어떻게 하면 과정 중심 평가를 매개로 학부모들과 충분히 소통할 수 있을까? 지금부터 함께 고민해보자.

❶ 통지 횟수

과정 중심 평가가 확산된 이후, 통지 횟수가 늘고 있다. 과거 분기별 1회를 기본으로 하던 것이, 고정된 형태가 아니라 학년 또는 학급별로 다양하게 이루어지고 있다. 즉각적인 피드백이 강화되었다는 관점에서 환영할 만하다. 하지만 무리하게 횟수를 늘려 결과 통지 자체를 부담으로 느끼는 것보다 적정 통지 횟수를 찾아가는 과정이 중요하다.

교사별로 이루어지는 수시 통지와 전 학년이 함께 이루어지는 통지 횟수를 구분할 수 있다. 수시 통지에서는 교과별 활동지나 평가지를, 그리고 학기 말 통지에는 나이스를 활용한 교과발달상황과 창의적 체험활동을 기록하여 통지할 수도 있다.

학급 밴드나 누리집을 통한 결과 공유 방법은 수시로 일어날 수도 있다. 이때는 전체 활동이나 모둠 활동 결과를 공유하는 것이 좋고, 학생 개개인의 평가 결과가 모두에게 공유되지 않으면서 집단의 활동 과정과 결과를 공유하는 형태로 활용할 수 있다. 평가 결과 통지를 단순히 지필/수행 평가 결과로만 한정하기보다 학교 교육활동의 다양한 장면과 결과를 공유하는 것도 수업=평가가 일체화된 관점에서 보면 동일하게 접근할 수 있게 된다.

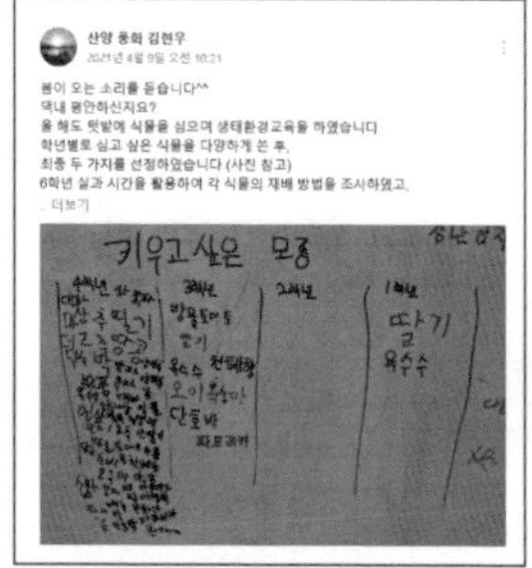

밴드 활용 배움 과정과 결과 안내(통지)와 학부모와 함께하는 피드백과 소통의 통로로 활용 가능

❷ 통지 형태

과정 중심 평가 이후 평가지나 활동지를 개인별 포트폴리오에 넣어 통지하는 형태가 많아졌다. 포트폴리오 형태의 통지는 배움의 과정과 결과가 고스란히 담겨 있기 때문이다. 과거에는 나이스에 교과 평가, 교과별 특기사항, 행동특성 및 종합의견을 입력하고 나이스 자체적으로 제공하는 결과 통지 양식에 맞추어 통지하는 형태가 일반적이다. 하

지만 요즘은 학교별로 학교 교육과정 및 교사 수준 교육과정의 특성에 맞게 별도의 양식을 개발하여 통지하는 사례도 증가하고 있다. 나이스 통지 양식은 학교생활기록부만 입력하면 손쉽게 통지표를 인쇄할 수 있다는 장점이 있지만, 학교에서 이루어지는 다양한 교육활동을 담아내기에는 형식이 단조롭다. 또한 평가 결과에 교육 주체인 학생과 학부모의 의견을 반영할 수 있는 공간이 없다는 단점이 있다.

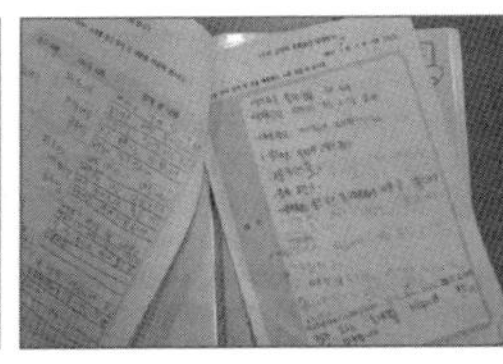
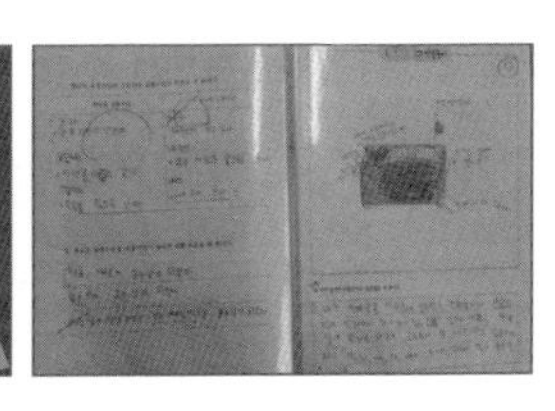

포트폴리오에 평가지뿐만 아니라 다양한 수업 결과물들을 함께 포함하여 통지하는 형태. 학습 과정과 결과에 대한 종합적인 정보를 제공할 수 있다.

❸ 통지 내용

분기별, 학기 말, 학년 말 등 각각 통지 시기별로 통지 내용에 차별화를 둘 수 있다. 학교 내 협의를 통해 다양한 학생의 성장과 발달을 인지적 영역 중심의 교과 성적에서 벗어나 인성, 진로, 체육, 생활 등 전 영역의 고른 성장과 발달에 대한 정보를 학부모에게 제공할 수 있다. 최근 학교별로 다양화된 통지 양식의 내용은 몇 가지 공통적인 특성을 갖는다. 이러한 특징을 이해하고 교사 수준 교육과정의 특성에 적합한 통지 양식을 개발하여 적용할 수 있을 것이다.

2. 다양화된 통지 양식 특징

❶ 자기 평가 관련 내용

수업, 생활 태도, 기본 습관 등 종합 자기평가 체크리스트형

영역	내용	대만족	만족	보통	노력
수업 태도	수업 시간에 배운 내용을 잘 이해했나요?	√			
	활동에 적극적으로 참여했나요?	√			
	모르는 내용은 선생님이나 친구들에게 질문했나요?	√			
	선생님과 친구의 말을 경청했나요?	√			
생활 태도	친구들과 사이좋게 지냈나요?		√		
	책상과 사물함 정리를 잘 했나요?	√			
	규칙적으로 책을 찾아 읽나요?	√			
기본 습관	수업 시작 전 책과 공책을 준비하나요?			√	
	하루 한 번 이상 쉬는 시간에 놀이를 하나요?		√		
	스포츠클럽 활동에 적극 참여하나요?				√
	급식과 우유는 남기지 않고 골고루 먹나요?		√		
	바르고 고운 말을 사용하기 위해 노력하나요?	√			

수업과 생활 중심 종합 자기평가 서술형

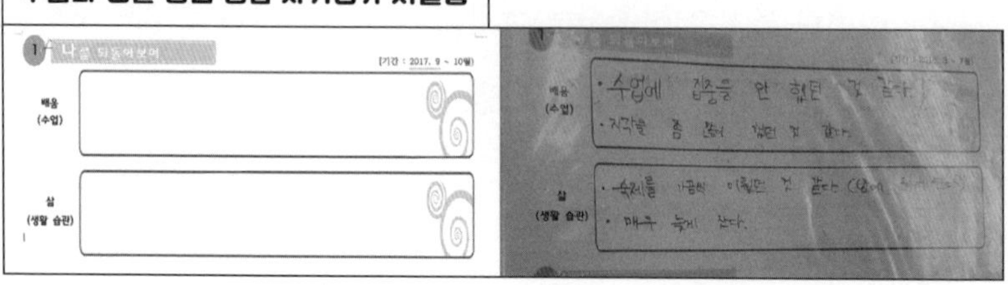

현장학습, 프로젝트학습 등 특정 교육활동 중심 자기평가 서술형

구분	날짜	주제(교과)	배움 내용	배우고 느낀 점
프로젝트	5. 10.	친구야 놀자	· 나를 친구들에게 소개하기 · 친구들과 함께 고민 나누기	친구들을 더 잘 이해할 수 있었다. 이번 프로젝트 수업으로 예전보다 다툼이 줄어들어 좋았다.
	6. 7.	사랑하는 우리나라	· 우리나라의 자랑거리 조사하기 · 학년 다모임에서 발표하기	
현장학습	4. 22.	시립 박물관	· 우리 지역의 유물과 역사	새로운 경험을 해볼 수 있어 좋았다. 체험활동을 많이 했으면 좋겠다.
	6. 20.	자연농원	· 천연 비누 만들기 체험	
교과학습	3월	국어	· 내 생각을 표현하는 방법	내 생각을 표현하는 방법을 알게 되었다. 앞으로 많이 활용해야겠다.
	4월	과학	· 자석을 사용한 놀이 기구	

❷ 교과 학습 발달 상황 관련 내용

평정 척도형

교과	영역	평가 내용	평가
국어	듣기 말하기	토론에서 참여자의 역할을 적절히 수행하며 토론의 주제에 맞게 일관되게 주장할 수 있다.	매우잘함
	쓰기	읽는 이를 고려하여 견문과 감상이 잘 드러나는 글을 쓸 수 있다.	매우잘함
	문학	자신이 인상깊게 읽은 문학작품에 대하여 이야기할 수 있다.	매우잘함
	읽기	글의 종류와 내용에 따른 글의 짜임을 안다.	매우잘함

수학	측정	평균의 의미를 알고, 주어진 자료의 평균을 구할 수 있으며, 이를 활용할 수 있다.	매우잘함
	수와 연산	소수×소수의 계산 원리를 이해하고 그 계산을 할 수 있다.	매우잘함
	도형	선대칭 도형의 의미를 알고 그릴 수 있다.	매우잘함

서술형

월(1학기)	국어	수학
4월	· 받침이 없는 동화책 읽기 · 그림을 보고 받침이 없는 낱말 쓰기	· 1단원. 덧셈과 뺄셈 - 받아올림이 있는 덧셈, 받아내림이 있는 뺄셈 익히기
5월	· 받침 넣어 낱말 읽기 · 그림을 보고 빈칸에 알맞은 낱말 쓰기	· 2단원. 평면도형 - 도형의 돌리기, 밀기, 뒤집기 등을 했을 때 모양 보충지도
6월	· 받침 있는 낱말 따라 쓰기 · 교과서 지문 따라 쓰기	· 3단원. 나눗셈 - 나눗셈 몫 구하기 보충지도
7월	· 틀린 낱말 고쳐쓰기 · 받침 없는 낱말 받아쓰기 연습	· 4단원. 곱셈 - (두 자리 수)×(한 자리 수)계산연습
성장 배움 (종합)	· 읽을 수 있는 낱말의 수는 많아졌지만 생각보다 실력이 잘 늘지 않음. · 그림을 보고 쉬운 낱말은 쓸 수 있음.	· 수학과 여러 영역 중 수와연산 영역에서 많은 어려움을 보임. 신중하지 못하여 계산실수가 잦아 꼼꼼히 풀고 검산해보는 연습을 실시함.

❸ 진로, 프로젝트 등 학교, 학급 특색교육활동 관련 내용

강원 서원초 사례

프로젝트 활동 내용 // 본교 리듬교육과정의 자아공감 프로젝트 발달사항입니다.

1분기에 진행한 프로젝트는 '랑랑별 아이들'입니다. 이 프로젝트의 목적은 나의 감정과 주변 사람들의 감정을 이해하고, 공감능력을 키워 배려심 있는 사람으로 자라나게 하는데 있습니다. 이를 위해 자율활동 시간에 학급긍정훈육법을 적용한 학급세우기 활동과 이고그램 검사를 진행하였습니다. 또한 국어, 도덕, 미술, 음악, 체육 시간을 활용해 다양한 감정 표현, 친구를 주제로 한 노래부르기, 편지쓰기 등의 활동을 했습니다. 자아공감 영역 중 하나로 기초학력검사도 함께 진행하였습니다.

랑랑별 아이들		
<개인사진>	<개인사진>	<개인사진>
△ 동동놀자, 자리바꾸기 게임 중	△ 식목일을 맞아 화단에 꽃 심기	△ '러닝럽업'을 활용한 수학 공부

| 독서, 상담, 자치활동 등 학교와 학급 교육과정을 반영한 다양한 내용의 통지

❹ 각종 검사 관련 내용 (기초학력 진단검사 또는 표준화 검사 결과)

3RS 기초학력 진단검사 결과

과목	읽 기	쓰 기	셈하기
도달 기준	16	16	15
나의 점수	23	23	25
도달 여부	도달	도달	도달

※과목별 검사 결과에서 도달이라 하더라도 일부 내용영역에서는 미도달일 수도 있음.

읽 기 — 도달점수 • 나의점수

내용 영역	정확하게 읽기	내용 파악하기	내용 간추리기	추론하기
도달 기준	4	3	3	6
나의 점수	5	6	4	8
도달 여부	도달	도달	도달	도달

쓰 기 — 도달점수 • 나의점수

내용 영역	낱말 쓰기	문장 쓰기	내용 조직하기	표현하기
도달 기준	3	6	4	3
나의 점수	5	7	6	5
도달 여부	도달	도달	도달	도달

셈하기 — 도달점수 • 나의점수

내용 영역	수 알기	덧셈과 뺄셈하기	곱셈과 나눗셈하기
도달 기준	6	5	4
나의 점수	8	9	8
도달 여부	도달	도달	도달

학부모에 의한 피드백

부모님이 보내는 편지

우리 아이에게 보내는 편지

교사 수준 교육과정이 활성화되면서, 교사 교육과정의 내용과 방법의 특성에 적합하게 결과 통지 내용과 방법에도 변화가 필요한 시점이 되었다. 교사별 특색있는 수업과 학급 경영 내용을 통지표에 담아 제공하는 것이 자연스러운 시기가 머지 않아 오리라 생각된다.

학교 자치와 학교별 특색 있는 교육과정 운영이 교육의 다양성을 살리고 교육 주체의 참여를 이끌어내는 것처럼, 교사 수준 교육과정과 교사별 평가는 교사의 전문성을 강화하고 학생의 개개인성을 인정해줄 수 있는 플랫폼이 되어 줄 것이다. 그 중심에 교사별 과정 중심 평가가 자리 잡고 있다. 아이들의 흥미, 진로, 발달, 능력에 맞춘 다양한 교육과정과 이에서 비롯된 교사별 평가, 그리고 학교 또는 학급별 교육과정에 맞춘 특색있는 결과 통지가 활성화되는 날이 오기를 기대해본다.

점수화된 결과 통지에 우리의 생각과 실천은 오랫동안 머물러 있었다. 점수 = 학습의 결과로 인식한 오랜 관행이 특색있는 학습 결과 통지에 걸림돌이 되었다.

앞으로는 '결과 통지'라는 경직된 인식을 넘어 배움의 '소통'이자 '기록'의 방법으로 받아들일 수 있기를 기대한다. 학습의 결과보다는 배움의 흔적을, 획일화된 통지 방법과 시기를 다양성을 살린 소통의 계기로 삼아보자. 변화는 늘 그렇듯 그리 먼 곳에 있지 않다.

함께 생각해 봐요

★ 우리 학교 평가 결과 통지 방법에서 보완해야 할 점은 무엇이 있나요?

★ 우리 학급의 특색 있는 결과 통지 내용에는 무엇이 있을까요?

학교는 늘 바쁘다. 교실도 그렇다. 반복되는 일상과 분주한 일 속에서 치열하게 성찰하고 짬을 내어 되돌아보지 않으면 더 이상 성장은 없다. 제자리걸음이다. 화려한 경력도 실력을 보장하지 못한다. 오히려 그 반대인 경우가 더 많다.

바쁠수록 우선순위를 분명히 하고 집중해야 한다. 아이들 한 명 한 명을 품을 수 있도록 수업과 평가에 우리의 시선을 고정해야 한다.

평가 문항을 스스로 만들어 사용한지 5년 정도 된 것 같다. 적어도 누군가가 개발해 둔 문항을 그대로 사용하진 않았다. 지도서에 제시된 예시문항도 한글 파일로 옮기며 내 수업에 맞게 나의 의도를 담는데 집중했다. 썩 좋아 보이진 않았지만 직접 만들기 위해 노력했다. 문항을 직접 개발하고 적용하는 과정에서 자연스레 평가 문해력이 길러졌고, 그 내용을 이 책에 정리했다.

책을 읽는 선생님들께서도 직접 평가 문항을 만들어보시길 권한다. 이는 교사별 평가의 첫 단추를 꿰는 일이다. 또한 분주한 학교의 일상 속에서도 시간과 열정을 집중해야 할 매우 가치 있는 일임에 틀림없다.

평가 문항을 내 손으로 직접 만드는 과정에서 수업이 회복된다. 내 손으로 만든 수업과 평가가 결국 교사를 살린다. 그리고 교사는 아이들을 살린다.

참고 문헌

한국교육과정평가원(2018) | 초등학교 교사별 과정 중심 평가, 이렇게 하세요

반제천 외(2018) | 교사별 과정 중심 평가에 대한 교사의 인식

교육부(2018) | 2015 개정 교육과정에 따른 교사별 과정 중심 평가 활성화를 위한 학생 평가 모형 개발 연구

한국교육과정평가원(2018) | 학생평가 컨설팅, 어떻게 할까요?

김진우(2016) | PBL에서의 학습자 참여 루브릭 평가도구 개발 및 인식 조사

백순근(1996) | 수행평가의 의의와 평가 방법

교육부(2020) | 시도교육청 학생평가 현장지원단 워크숍 자료

김병룡 외(2019) | 과정중심평가 역동적 평가로 실천하기

강대일 외(2018) | 과정중심평가란 무엇인가

유영식(2017) | 교육과정-수업-평가를 일체화하는 과정중심평가

이형빈(2015) | 교육과정-수업-평가 어떻게 혁신할 것인가

참고 사이트

학생평가지원 포털 | https://stassess.kice.re.kr

국가교육과정정보센터 | http://ncic.go.kr

에듀넷 티-클리어 | http://www.edunet.net